Wortgottesdienste

Konkrete Liturgie

Werner Eizinger

WORTGOTTESDIENSTE

Modelle für die Gedenktage der Heiligen (Januar bis Juni)

Verlag Friedrich Pustet
Regensburg

Die Ständige Kommission für die Herausgabe der gemeinsamen liturgischen Bücher im deutschen Sprachgebiet erteilte für die aus diesen Büchern entnommenen Texte die Abdruckerlaubnis

Die Deutsche Bibliothek – CIP-Einheitsaufnahme

Eizinger, Werner:
Wortgottesdienste : Modelle für die Gedenktage der Heiligen; (Januar bis Juni) / Werner Eizinger. – Regensburg : Pustet, 1999
(Konkrete Liturgie)
ISBN 3-7917-1667-0

verlags gruppe engagement

ISBN 3-7917-1667-0

Umschlaggestaltung: Peter Loeffler, Regensburg
Umschlagmotiv: Benedikt und Scholastika
Farbholzschnitt: P. Karl Stadler OSB
ars liturgica Kunstverlag Maria Laach (Nr. 5417)
Gesamtherstellung: Friedrich Pustet, Regensburg
Printed in Germany 1999

Inhalt

Mai

Juni

Vorwort

Bei den Einführungstexten zum Wortgottesdienst wird in diesem Buch bewusst auf eine an Daten orientierte Biographie verzichtet. Eine solche ist für die Gottesdienstfeier nicht sonderlich relevant, geht an den Ohren der meisten Gottesdienstbesucher vorbei, wird nicht im Gedächtnis behalten; weiterhin vermögen die wenigsten Gottesdienstbesucher solche Daten zeitgeschichtlich einzuordnen.
Stattdessen habe ich versucht, aus der Vita eines Heiligen einen oder zwei für die christliche Gemeinde bedeutsame Akzente herauszuschälen und von ihnen einen Bezug zum Lebensvollzug des Christen aufzuzeigen.

Allgemeines Schuldbekenntnis

Bewusst wurde darauf verzichtet, allgemein bekannte Texte abzudrucken. Das Messbuch kennt zwei Formen des allgemeinen Schuldbekenntnisses mit anschließender Vergebungsbitte. Diese beiden oder evtl. auch andere in einer Gemeinde eingeführte können frei gewählt werden.

Form A:
Ich bekenne Gott, dem Allmächtigen, und allen Brüdern und Schwestern,
dass ich Gutes unterlassen und Böses getan habe.
Ich habe gesündigt in Gedanken, Worten und Werken
durch meine Schuld, durch meine Schuld, durch meine große Schuld.
Darum bitte ich die selige Jungfrau Maria,
alle Engel und Heiligen und euch, Brüder und Schwestern,
für mich zu beten bei Gott, unserem Herrn.

Form B:
P Erbarme dich, Herr, unser Gott, erbarme dich.
A Denn wir haben vor dir gesündigt.
P Erweise, Herr, uns deine Huld.
A Und schenke uns dein Heil.

Bei entsprechender Formulierung der Christus-Prädikationen können auch die Kyrie-Rufe als Schuldbekenntnis Verwendung finden. Andernfalls dienen die Kyrie-Rufe als Huldigungsrufe.

Fürbitten

Auf Fürbitten, die aktuelle Ereignisse aufgreifen, muss in einem Buch verständlicherweise verzichtet werden. Hier wird der Gottesdienstleiter selbst aktiv werden.
Auch werden im Buch keine Antwortrufe auf die Fürbitten vorgegeben. Dabei sollte möglichst abgewechselt werden. Das Gotteslob schlägt unter Nr. 358 drei verschiedene Formulierungen vor:

- Wir bitten dich, erhöre uns.
- Christus, höre uns! – Christus, erhöre uns!
- Herr, erbarme dich! Christus, erbarme dich! Herr, erbarme dich!

In vielen Gemeinden ist eine große Zahl anderer Antworten eingeführt.

Besinnung nach der Kommunion

In priesterlosen Gottesdiensten ohne Kommunionspendung können die meisten dieser Texte als Kurzmeditation vor dem abschließenden Gebet gesprochen werden.

Gebete, die dem Messbuch entnommen sind, sind mit MB gekennzeichnet.

Modelle für die Gedenktage der Heiligen (Januar bis Juni)

Hl. Basilius der Große und hl. Gregor von Nazianz

Bischöfe, Kirchenlehrer, G

L: Eph 4,1-7.11-13; Ev: Mt 23,8-12

Einführung

Heute gedenken wir der heiligen Basilius des Großen und Gregor von Nazianz, zweier Heiliger, die durch Vieles miteinander verbunden waren. Beide stammten aus Kleinasien, waren Studienfreunde, wurden Bischöfe und Kirchenlehrer. In den Glaubensauseinandersetzungen des 4. Jahrhunderts verteidigten beide in Schrift und Rede die Gottheit Christi und des Heiligen Geistes. Basilius verfasste auch Mönchsregeln, die für die Entwicklung des christlichen Mönchtums von großer Bedeutung waren; bekannt ist auch sein soziales Engagement. Wie diese beiden bekennen auch wir uns zum Glauben an den einen dreifaltigen Gott, den wir in dieser Stunde feiern wollen. – *Stille*

Kyrie-Rufe

Herr Jesus Christus,
du bist als Lehrer und Erlöser zu uns gekommen.
Du hast uns Kunde vom Vater gebracht.
Du hast uns dem Heiligen Geist anvertraut.

Tagesgebet

Gott, unser Vater,
in den Bischöfen Basilius und Gregor
hast du der Kirche Lehrer gegeben,
die sie deine Wahrheit tiefer erfassen ließen.
Hilf uns, dich als den Einen und Dreifaltigen zu bekennen
und dich in Werken der Liebe zu bezeugen
durch Jesus Christus.

Fürbitten

In der Nachfolge Jesu haben Basilius und Gregor ihr Leben bewältigt. Auch wir wenden uns an Christus und bitten ihn:

- Für *die* Christen, die heute in der Türkei leben: dass ihnen die staatlichen Behörden volle Freiheit der Religionsausübung gewähren.
- Für *die* christlichen Gemeinschaften, die auch heute nicht an deine Gottheit glauben: dass sie das apostolische Zeugnis annehmen und dich als wahren Gott und wahren Menschen verehren.
- Für Christen, Juden und Moslems im Nahen Osten: dass sie im Dialog zu gegenseitiger Achtung finden und Wege des Friedens beschreiten.
- Für uns selber: dass wir den Mut haben, in Anfeindung und Anfechtung geduldig und treu zu dir zu stehen.

Vater im Himmel, du verborgener und doch gegenwärtiger Gott, dich wollen wir preisen, dir wollen wir dienen heute und in Ewigkeit.

Besinnung nach der Kommunion

In unseren Gottesdiensten
und in theologischen Büchern
reden wir viel *von* Gott.
Und doch haben wir nicht die rechten Worte,
um dies angemessen zu tun.
Aber wir haben ein Herz,
das fähig ist, *mit* Gott zu reden
und *auf* Gott zu hören.
Wenn wir also beten,
tun wir das, wozu wir besser ausgestattet sind.

Schlussgebet

Allmächtiger Gott,
im heiligen Mahl haben wir Christus empfangen
und durften uns mit ihm vereinen.
Gib, dass wir eins mit ihm sind
im Denken, Wollen und Tun
und wie die heiligen Basilius und Gregor
in unserem Leben den bezeugen,
der unser wahres Leben ist,
Christus, unseren Herrn.

Hl. Valentin Bischof, g

L: Jes 52,7-10; Ev: Mt 28,16-20

Einführung

Im 5. Jahrhundert kam der hl. Valentin aus den Niederlanden nach Passau. Dort waren die Anfänge des Christentums durch die Völkerwanderung der Germanenstämme weitgehend ausgelöscht worden. Seiner Predigt war wenig Erfolg beschieden, nach der Bischofsweihe wurde er aus Passau verjagt. »Erfolg ist keiner der Namen Gottes.« Auch wir erleben oft Erfolglosigkeit missionarischer Bemühungen. Annahme des Glaubens setzt die Bereitschaft der Menschen voraus. Und doch hat uns Jesus verheißen, dass sein Reich sich durchsetzen wird. Deshalb ist Resignation für uns Christen ein Fremdwort. Wir bauen auf den Herrn. – *Stille*

Kyrie-Rufe

Herr Jesus Christus,
du Sieger über die Welt.
Du Herr aller Zeiten.
Du König aller Menschen.

Tagesgebet *(Vgl. MB)*

Allmächtiger Gott,
der heilige Valentin war beseelt von Verantwortung
für die Menschen seiner Zeit und ihren Glauben.
Festige in den Christen unserer Tage
das Bewusstsein gegenseitiger Verantwortung,
damit wir einander im Glauben stützen und stärken
durch Jesus Christus.

Fürbitten

Im Vertrauen auf Christus, der uns als seine Zeugen sendet, bitten wir:
- Gib allen Glaubensboten die Kraft und den Geist, dein Wort in Geduld und Wahrheit zu verkünden.

- Schenke den Bischöfen die Gabe, dein Volk verständnisvoll und sicher zu leiten und im Glauben zu stärken.
- Verleihe allen Seelsorgern in pastoralen Gesprächen Selbstgewissheit und Einfühlungsvermögen.
- Bewahre deine Kirche in Erfolglosigkeit vor Resignation und lass sie aus dem Vertrauen auf deine Verheißung zuversichtlich in die Zukunft blicken.

Herr, im Dienst für dich und dein Reich willst du uns allezeit finden, denn dein ist das Reich und die Kraft und die Herrlichkeit in Ewigkeit.

Besinnung nach der Kommunion

Scheinbar erfolglos
war das Wirken Jesu auf Erden.
Ein kleiner Kreis von Jüngern nur –
und als man ihn festnahm, liefen sie davon.
Doch der Auferstandene sammelte sie,
stärkte sie und sandte sie.
Und seine Jünger gingen in die Welt
und sie wurden immer mehr.
Die Kraft des Auferstandenen ist nicht erstorben.
Wir müssen ihm mehr zutrauen als uns selber.

Schlussgebet

Heiliger, starker Gott,
unverdrossen hat der heilige Valentin
den Glauben der Kirche verkündet,
Frieden zu wirken, Hoffnung zu wecken
und Liebe zu leben versucht.
Ermutige deine Kirche heute,
unverzagt ihre Sendung zu erfüllen
und die Menschen für ihre Zukunft mit dir zu gewinnen
durch Christus, unseren Herrn.

Hl. Raimund von Peñafort Ordensgründer, g

L: 2 Kor 5,14-20; Ev: Lk 12,35-40

Einführung

Selten wurde im 13. Jahrhundert jemand hundert Jahre alt wie der hl. Raimund von Peñafort. Entsprechend groß war das Lebenswerk des Spaniers. Zur Befreiung christlicher Sklaven gründete er mit Petrus Nolaskus einen eigenen Orden, wurde aber selbst Dominikaner. Zur Förderung der Mission gründete er eigene Schulen, zur Förderung des Bußsakramentes verfasste er Anleitungen für Beichtväter. Bedeutsam wurden auch seine kirchenrechtlichen Schriften. Das leibliche und das seelische Heil der Menschen war sein großes Anliegen. – Auch uns sind viele Menschen anvertraut. Setzen wir alles daran, um ihr Heil zu fördern? – *Stille*

Kyrie-Rufe

Herr Jesus Christus,
du hast das Leben der Armen geteilt.
Du hast der Kirche die Vergebung der Sünden anvertraut.
Du hast uns die Verbreitung des Glaubens aufgetragen.

Tagesgebet

Barmherziger Gott,
der heilige Raimund war in der Nachfolge deines Sohnes
um das Heil der Menschen
und die Verkündigung deiner Botschaft besorgt.
Befreie uns von allem,
was unsere innere Freiheit behindert,
damit wir nach deinem Willen
den Menschen dienen können
durch Jesus Christus.

Fürbitten

Wir beten zu Jesus Christus, der uns Menschen gegenseitige Sorge füreinander aufgetragen hat:

- Hilf den Menschen aus geistiger Verwirrung heraus und führe sie zur Erkenntnis der Wahrheit, die du selber bist.
- Gib deiner Kirche gute Beichtväter und bewahre uns alle vor Scheinheiligkeit und Verlogenheit.
- Schenke deiner Kirche auch heute gläubige und hochbegabte Männer und Frauen, die dir durch ihre theologische Arbeit dienen.
- Steh all denen bei, die wegen ihres Glaubens oder ihres Kampfes für soziale Gerechtigkeit verfolgt werden.

Gott, Vater der Menschen, bei dir sind unsere Bitten in guten Händen. Dir danken wir und dich loben wir durch Christus, unseren Herrn.

Besinnung nach der Kommunion

Jesus ging es um das Heil der Menschen.
Jeder bedarf der Heilung.
Heilung von Verhärtung des Herzens gegen Gott,
Heilung vom harten Herzen gegen die Menschen,
Heilung von Selbstbezogenheit.
Wenn er sich uns immer wieder schenkt
in seinem Wort und in der Mahlgemeinschaft,
dann ist das für uns eine Chance zur Heilung.
Aber Heilung gibt es nur für den,
der an seiner Heilung mitwirken will.

Schlussgebet

Herr unser Gott,
dein Diener Raimund hat sich ein Beispiel an Jesus genommen.
So hat er um Freiheit für Gefangene gekämpft,
für die Verkündigung des Evangeliums an alle Menschen
und für die Bildung guter Beichtväter gearbeitet.
Rühre auch unsere Herzen an,
dass wir uns ein Beispiel nehmen
an deinem Sohn Jesus Christus,
der in der Einheit des Heiligen Geistes
mit dir lebt und Herr ist in Ewigkeit.

Hl. Severin Mönch, g

L: Jak 2,14-17; Ev: Mt 25,31-46 oder *Mt 25,31-40*

Einführung

Der hl. Severin wirkte im 5. Jahrhundert südlich der Donau zwischen Passau und Wien. Die dortige Bevölkerung war durch hereindrängende Germanen in schwere Not geraten. Der Mönch Severin erkannte neben Gebet und Predigt die Hilfe für die verarmte und leidende Bevölkerung als seine wichtige Aufgabe. Für sie sammelte er Kleidung und Nahrung. In Verhandlungen mit Germanenfürsten setzte er sich für die Freilassung von Gefangenen und friedliches Zusammenleben der alten mit der neuen Bevölkerung ein. – Die Not anderer zu lindern ist auch uns aufgegeben. Jesus selbst hat uns dazu ermahnt. – *Stille*

Kyrie-Rufe

Herr Jesus Christus,
du Helfer der Armen.
Du Versöhner der Sünder.
Du Verkünder der frohen Botschaft.

Tagesgebet *(Vgl. MB)*

Gütiger Gott,
du hast den Mönch Severin
zu seinen Glaubensbrüdern gesandt,
damit er in den Wirren der Zeit
ihr Ratgeber und Führer sei.
Mach auch uns bereit, Verantwortung zu tragen,
und hilf uns, denen beizustehen, die in Not sind,
gemäß dem Wort und Beispiel unseres Herrn Jesus Christus.

Fürbitten

Wir wollen zu Gott, unserem Vater, der uns seine Hilfe nicht versagt, beten:

- Für die Menschen in *den* Länder, in denen verschiedene Nationen miteinander leben: dass sie einander als Menschenbrüder und -schwestern verstehen und in Frieden zusammen leben.
- Für die Mönche in unserem Land: dass sie dem Evangelium und ihren Ordensregeln gemäß Gebet, Verkündigung und Dienst an Bedürftigen miteinander verbinden.
- Für alle, die sich bei uns und in der Fremde um Notleidende kümmern: dass sie in ihrem Eifer nicht nachlassen und die Unterstützung derer erhalten, die helfen können.
- Für uns selber: dass wir in deiner Liebe verankert sind und aus ihr heraus erkennen, wo unsere Hilfe nötig ist.

Gott und Herr, du stehst an unserer Seite in den Schwierigkeiten des Lebens. Dir sei Lob und Dank in Ewigkeit.

Besinnung nach der Kommunion

Die Liebe des Herrn durften wir erfahren,
der sich im Sakrament mit uns verbunden hat
und im eucharistischen Mahl
uns miteinander verbunden hat.
Aus seiner Liebe dürfen wir leben.
Und wir dürfen seine Liebe weitergeben,
damit sie durch uns vielen anderen
weitergereicht werde.

Schlussgebet

Ewiger Gott,
du hast den heiligen Severin
mit solcher Glaubensfreude beschenkt,
dass er zum Helfer und Friedensstifter
für viele werden konnte.
Erneuere auch unser Herz und unseren Geist,
damit wir nach seinem Vorbild handeln
durch Christus, unseren Herrn.

Hl. Hilarius Bischof, Kirchenlehrer, g

L: 1 Joh 2,18-25; Ev: Mt 5,13-19

Einführung

Der hl. Hilarius, der sich erst als Erwachsener hatte taufen lassen, wurde bald Bischof von Poitiers. Im 4. Jahrhundert verteidigte er vehement die Gottheit Christi gegen den Arianismus. Von Kaiser Konstantius wurde er deswegen in die Verbannung geschickt. Nach dem Tod des Kaisers kehrte Hilarius in seine Bischofsstadt zurück und praktizierte gemeinsames Leben mit dem Klerus, woraus sich die ersten Klostergemeinschaften Galliens entwickelten. Der Glaube lässt sich nur in Gemeinschaft leben. Dies gilt auch für uns in den Familien und in der Gemeinde. – *Stille*

Kyrie-Rufe

Herr Jesus Christus,
du Sohn des lebendigen Gottes.
Du Erlöser der Menschen.
Du Richter der Welt.

Tagesgebet

Allmächtiger Gott,
der heilige Bischof Hilarius
hat Feindschaft und Verbannung auf sich genommen,
weil er sich unermüdlich für den Glauben
an die Gottheit deines Sohnes eingesetzt hat.
Festige unseren Glauben an deine Dreifaltigkeit
und mach uns zu aufrechten Zeugen deiner Wahrheit
durch Jesus Christus.

Fürbitten

Zu Jesus Christus, der wollte, dass alle, die an ihn glauben, eins seinen, lasst uns beten:

- Für alle, die für die Einheit der Kirche beten und arbeiten.
- Für alle, die den Glauben an dich, den Gottmenschen, verkünden.
- Für alle, die nach der Wahrheit suchen und um die Wahrheit ringen.
- Für alle, die sich in den Familien und in religiösen Gemeinschaften um ein Zusammenleben in deinem Geist bemühen.

Denn du bist der eine Herr der Welt, der eine Lehrer der Menschen, der eine Meister, dem wir folgen sollen. Dir sei Ruhm und Ehre in Ewigkeit.

Besinnung nach der Kommunion

Der Glaube lebt im gemeinsamen Vollzug.
Der Glaube wächst durch gemeinsame Erfahrung.
Der Glaube wird gestärkt durch gegenseitige Unterstützung.
Die Lebensgemeinschaft, die Jesus mit den Jüngern gebildet hat,
kann uns Vorbild für unser Zusammenleben sein,
solange Christus darin wirklich die lebendige Mitte ist.

Schlussgebet

Herr, unser Gott,
wir waren jetzt als seine Gemeinde
um deinen Sohn Jesus Christus versammelt.
Wir haben ihn in Wort und Sakrament
als unsere Lebensquelle erfahren.
Gib, dass wir wie der heilige Hilarius
deinem Sohn in Treue dienen,
der in der Einheit des Heiligen Geistes
mit dir lebt und Herr ist in Ewigkeit.

Hl. Antonius Mönchsvater, G

L: Eph 6,10-13.18; Ev: Mt 19,16-21

Einführung

Der hl. Antonius suchte nach einer Lebensform, in der er die Einladung Jesu nach Vollkommenheit verwirklichen könne. Er lebte als Einsiedler in der Libyschen Wüste und in Ägypten. Als er aber von der Bedrängnis der Christen in der Glaubensverfolgung hörte, ging er in die Stadt, um die gefangenen und verurteilten Christen zu stärken. Dann zog er sich wieder in die Einsamkeit zurück, blieb aber stets weiterhin Gesprächspartner und Ratgeber für andere. – Das brauchen auch wir: Immer wieder die Stille und Einsamkeit, um uns auf Gott hin zu sammeln, und die Offenheit für die Menschen, denen wir mit unseren Fähigkeiten dienen können. Beides ist wichtig. Welches von beiden vernachlässigen wir eher? – *Stille*

Kyrie-Rufe

Herr Jesus Christus,
du rufst uns, dir zu folgen.
Du lehrst uns grenzenloses Vertrauen auf Gott.
Du stehst dem bei, der sich auf dich verlässt.

Tagesgebet *(Vgl. MB)*

Herr, unser Gott,
du hast den heiligen Mönchsvater Antonius
aus der Welt herausgerufen
und ihm die Kraft gegeben,
in der Einsamkeit der Wüste vor dir zu leben.
Hilf uns auf seine Fürbitte,
uns selbst zu überwinden
und dich über alles zu lieben
durch Jesus Christus.

Fürbitten

Wir wollen zu Christus beten für uns und alle, die mit uns auf dem Weg in die Ewigkeit sind:

- Für alle, die auf der Suche nach der für sie richtigen Lebensform sind.
- Für alle, deren Lebenspläne zerbrochen sind und die sich neu orientieren müssen.
- Für jene, die heute als Einsiedler Gott und den Menschen dienen wollen.
- Für uns selbst um Festigkeit und Ausdauer in der Nachfolge Jesu.

Du, Herr Jesus, bist uns Vorbild im Dienst für die Menschen und in deiner Hingabe an den Vater. Dir sei die Ehre in Ewigkeit.

Besinnung nach der Kommunion

Aus dem Leben in der Nähe des Herrn
hat Antonius Kraft geschöpft.
Die Nähe des Herrn täglich neu suchen,
sich Zeit dafür nehmen
und seinen Geist aufnehmen.
Das kann auch uns Kraft geben
für die täglichen Aufgaben.

Schlussgebet *(Vgl. MB)*

Allmächtiger Gott,
mit deiner Hilfe hat der heilige Antonius
in allen Versuchungen siegreich standgehalten.
Stärke auch uns,
damit wir den Angriffen des Bösen widerstehen
durch Christus, unseren Herrn.

Hl. Fabian Papst, Märtyrer, g

L: 1 Petr 5,1-4; Ev: Joh 21,1.15-17

Einführung

Heute steht der Gedenktag des Papstes Fabian im Heiligenkalender. In der Nachfolge des Petrus wurde er 236 zum Bischof von Rom gewählt. Es gelang ihm, nach den vorausgegangenen Wirren die Kirche im Petrusamt wieder zu einen. Schriften verschiedener Bischöfe und Theologen seiner Zeit bezeugen die allgemeine Akzeptanz seiner Autorität. Frieden zu stiften und die Kirche zu festigen, schienen ihm Hauptanliegen zu sein. Als 250 die Christenverfolgung unter Kaiser Decius ausbrach, war er eines der ersten Opfer.

Kyrie-Rufe

Herr Jesus Christus,
du liebst uns mit grenzenloser Liebe.
Du willst, dass wir deine Liebe erwidern.
Du hast deine Liebe zu uns im Tod unter Beweis gestellt.

Tagesgebet *(Vgl. MB)*

Gott, du bist unsere Kraft,
deiner dürfen wir uns rühmen.
Du stärkst die Märtyrer zum Zeugnis
und willst uns alle zur ewigen Herrlichkeit führen.
Hilf uns auf die Fürsprache des heiligen Fabian,
dir bis in den Tod die Treue zu bewahren
durch Jesus Christus.

Fürbitten

Gott, du hast in Christus einen neuen und ewigen Bund mit den Menschen geschlossen. Wir bitten dich:

- Schau auf alle, die heute in der Nachfolge der Apostel dein Volk leiten und weiden sollen: Gib ihnen die Fülle deines Geistes!

- Schau auf den Nachfolger des hl. Fabian in unserer Zeit, unseren Papst N. N.: Gib ihm die Fülle deines Geistes!
- Schau auf die Gläubigen, die sich in dieser Zeit als dein Volk erweisen sollen: Gib ihnen die Fülle deines Geistes!
- Schau auf uns alle, denen du heute die Verantwortung für die Leidenden und die Suchenden übertragen hast: Gib uns die Fülle deines Geistes!

Du bist der wahre Hirte deines Volkes. Dir vertrauen wir, dich preisen wir heute und allezeit.

Besinnung nach der Kommunion

Dass alle eins seien,
hat Jesus für seine Gläubigen gebetet.
Papst Fabian hat unermüdlich
für die Einheit der Kirche gearbeitet.
Auch heute steht die Kirche vor Zerreißproben.
Auch heute müht sie sich,
die verlorene Einheit wiederzugewinnen.
Die Friedensstifter hat Jesus selig gepriesen.
Papst Fabian war ein Mann des Friedens.
Friede muss immer neu gewonnen werden.
Wo stehen wir,
wenn es um Einheit und Frieden geht?
Sind wir mittendrin durch Beten und Handeln,
oder stehen wir abseits?

Schlussgebet

Herr, unser Gott,
du kennst unsere Schwäche,
auch die Schwäche all derer,
die du zu Lehrern und Hirten in der Kirche erwählt hast.
Steh der ganzen Gemeinschaft deiner Gläubigen bei,
dem Evangelium zu folgen
und für dein Reich zu arbeiten
durch Christus, unseren Herrn.

Hl. Sebastian Märtyrer, g

L: 1 Petr 3,14-17; Ev: Mt 10,28-33

Einführung

Jeder von uns kennt Darstellungen des hl. Sebastian, wie er, an einen Pfahl gebunden, von Pfeilen durchbohrt ist. Als von dem Offizier bekannt wurde, dass er Christ sei, sprach der Kaiser um 300 diese Todesstrafe aus. Den vermeintlich Toten verließen die exekutierenden Soldaten. Nach seiner Genesung ging Sebastian zum Kaiser, um ihm wegen der Christenverfolgung Vorwürfe zu machen. Daraufhin ließ dieser ihn totprügeln. So wird uns Sebastian als Mann dargestellt, der sich mutig zu Christus bekennt und weder seinen Vorgesetzten noch den Tod fürchtet, wenn es um den Glauben geht. – Wer die Liebe des Herrn verstanden hat, wer sie aufgenommen und erwidert hat, der kann seinen Herrn nicht verschweigen, der kann ihn nicht verleugnen. – *Stille*

Kyrie-Rufe

Herr Jesus Christus,
du erwartest, dass wir uns vor den Menschen zu dir bekennen.
Du gibst den Mut, dich vor den Menschen zu bezeugen.
Du stehst zu denen, die zu dir stehen.

Tagesgebet *(Vgl. MB)*

Herr, unser Gott,
wir schauen heute
auf das Beispiel der Standhaftigkeit,
das der heilige Märtyrer Sebastian
durch sein mutiges Bekenntnis gegeben hat.
Schenke auch uns den Geist der Stärke,
damit wir dir mehr gehorchen als den Menschen,
durch Jesus Christus.

Fürbitten

Zu Christus, der uns zum ewigen Leben befreit hat, wollen wir beten:

- Für die Christen in der Verfolgung: Gib ihnen Mut zum Bekenntnis und lindere ihre Not.
- Für alle, die wegen ihres Glaubensbekenntnisses verspottet oder zurückgesetzt werden: Rüste sie mit Redlichkeit und Standhaftigkeit aus.
- Für alle, die in der Kirche wichtige Entscheidungen zu treffen haben: Bewahre sie vor Kleinmut und vor falscher Rücksichtnahme auf politische Verhältnisse.
- Für uns und alle Getauften: Stärke uns, damit wir vor dir ein rechtschaffenes Leben führen und in jeder Situation deinen Willen für uns annehmen.

Unser Vater im Himmel, als deine Kinder setzen wir unser ganzes Vertrauen auf dich. Sei gelobt und gepriesen in Ewigkeit.

Besinnung nach der Kommunion

Totschlagen kann man den Menschen,
doch nicht das Wort des Glaubens,
das sich zum Herrn bekannt hat.
Das Wort macht seine Runde
von Mund zu Mund,
von Geschlecht zu Geschlecht.
Es zeugt neuen Glauben,
der sich zum Herrn bekennt.

Schlussgebet

Herr, unser Gott,
in den eucharistischen Gaben
hast du uns mit deiner Liebe gestärkt.
Schenke uns ein starkes Herz,
das Angst und Feigheit überwinden kann
und uns aufrecht zu dir stehen lässt
durch Christus, unseren Herrn.

Hl. Meinrad Mönch, Einsiedler, Märtyrer, g

L: 1 Petr 4,12-19; Ev: Mt 16,24-27

Einführung

Der hl. Meinrad war Mönch auf der Reichenau, dann Leiter einer Schule am Zürchersee. Schließlich zog er sich in eine Einsiedelei zurück. Viele Rat- und Trostsuchende kamen zu ihm, um von dem gottverbundenen und gotterfahrenen Mann zu lernen. Zwei Räuber, die er in der Waldeinsamkeit bewirtete, ermordeten ihn schließlich. – Gelegentlich kann es auch unsere Erfahrung sein: Gutes tun wird nicht immer bedankt. Wir wollen darauf achten, daß wir deshalb nicht bitter und hart werden. Wir tun das Gute nicht um eines Lohnes willen, sondern weil wir gut sein wollen.

Kyrie-Rufe

Herr Jesus Christus,
du hast dich selbst uns hingegeben.
Du rufst uns, deinem Beispiel zu folgen.
Du gibst dich uns in dieser Feier.

Tagesgebet *(Vgl. MB)*

Allmächtiger Gott,
du hast das Lebensopfer
des heiligen Meinrad reich belohnt
und seine Zelle zu einer Stätte des Segens gemacht.
Gib, dass auch wir
in der Stille über dein Wort nachsinnen
und Frucht bringen in Werken der Liebe
durch Jesus Christus.

Fürbitten

Mit unseren Bitten wollen wir uns jetzt an Christus wenden, bei dem und um dessentwillen wir hier zusammen sind. Wir bitten für uns, für die Kirche und für alle Menschen:

- Um die Freiheit, uns gelegentlich eine Stunde der Einsamkeit und Besinnung zu gönnen.
- Um die Freiheit gegenüber den Vorurteilen anderer, die unser Bemühen um christliche Lebensgestaltung nicht verstehen können.
- Um die Freiheit, vergeben und vergessen zu können.
- Um die Freiheit, nicht nach Dank und Anerkennung zu schielen, wenn uns Gutes gelungen ist.

Deine Freiheit, Herr, kann uns Maßstab sein. Dir sei Lob und Dank!

Besinnung nach der Kommunion

Er war so anders.
Anders als sie selbst und anders als ihre Erwartungen an ihn.
Also ist er von Sinnen.
Wir orientieren uns spontan an unserer Umgebung.
Wie man heutzutage im allgemeinen ist, wird für normal gehalten.
Wir passen uns an.
Jesus war nicht angepasst.
Er ist den Weg gegangen, der dem Willen Gottes entsprach.
Und wir? Nachfolge Jesu?

Schlussgebet

Allmächtiger Gott,
du bist der Quell aller Heiligkeit.
Schenke uns,
dass wir ähnlich dem heiligen Meinrad
dein Wort und deine Liebe in uns aufnehmen
und fruchtbar machen für andere
durch Christus, unseren Herrn.

Hl. Agnes Jungfrau, Märtyrin, g

L: 1 Kor 1,26-31; Ev: Mt 13,44-46

Einführung

Menschen, die in unbedingter Wahrhaftigkeit ihren Weg gehen, erregen Aufsehen. Die hl. Agnes lehnte den Heiratsantrag eines Römers ab, weil sie den Mann nicht liebte. Und wenn ein Mensch allem Zureden, allen Versprechungen und Bestechungen trotzt, weil er nur den Weg gehen will, der seiner inneren Überzeugung entspricht, dann kann das bitteren Hass erzeugen. Nach seelischen und körperlichen Folterungen wurde Agnes schließlich um 300 mit etwa 13 Jahren ermordet, weil sie ausschließlich ihrem christlichen Lebensideal folgen wollte. Die Kraft dazu kann Gott geben, der sich unserer menschlichen Schwachheit annimmt. – Auch wir können darum beten, dass Gott uns die Kraft verleiht, unseren Lebensweg aufrecht und wahrhaftig zu gehen. – *Stille*

Kyrie-Rufe

Herr Jesus Christus,
du stehst denen bei, die dir die Treue halten.
Du gibst die Kraft, unsere Lebensentscheidungen durchzuhalten.
Du führst jene, die dich lieben, zur ewigen Herrlichkeit.

Tagesgebet

Ewiger Gott,
du hast die heilige Agnes gestärkt,
Menschenfurcht zu überwinden,
um dir und sich selbst treu zu bleiben.
Wir bitten dich,
auch uns vor Feigheit zu bewahren,
damit wir deine Zeugen sein können
und unserem Herrn Jesus Christus nachfolgen,
der in der Einheit des Heiligen Geistes
mit dir lebt und Herr ist in Ewigkeit.

Fürbitten

Wir wollen zu Jesus Christus rufen, der denen beisteht, die sich an ihn binden:

- Für alle, die in deiner Kirche besondere Verantwortung tragen: Gib ihnen Aufrichtigkeit und Mut in ihren Entscheidungen.
- Für die jungen Christen: Gib ihnen Rückgrat, wenn es gilt, vor Kameraden und Vorgesetzten ihren christlichen Lebensweg zu gehen.
- Für alle jungen Menschen: Gib ihnen bei der Suche nach Freundschaft und Partnerschaft gegenseitige Achtung und Ehrlichkeit.
- Für uns selber: Gib unserem Glauben Sicherheit und unserem Beten Erhörung.

Heiliger Gott, auf deine Hilfe vertrauen wir in unserer Schwäche. Sei gepriesen in Ewigkeit.

Besinnung nach der Kommunion

Es gibt Menschen,
die ihr Fähnchen nach jedem Wind ausrichten.
Wie Fettaugen auf der Suppe
schwimmen sie im Leben immer obenauf.
Wer Christus nachfolgen will,
muss sich dem Wind aussetzen,
auch wenn er ins Gesicht bläst.
Wir sollen nicht Fettaugen,
sondern Salz der Erde sein.

Schlussgebet

Gütiger Gott,
hilf uns, das Himmelreich als den großen Schatz
unseres Lebens zu entdecken
und nach dem Beispiel der heiligen Agnes
in dir unseren Lebenssinn zu erkennen
durch Christus, unseren Herrn.

Hl. Vinzenz Diakon, Märtyrer, g

L: 2 Kor 4,7-15; Ev: Mt 10,17-22

Einführung

Zaghaft ist oft unser Glaube, und zögerlich unsere Reaktion, wenn er herausgefordert wird. Bedenken und Ängste können uns befallen. Anders der Diakon Vinzenz in Saragossa, dessen Glaube um 304 von den römischen Machthabern harten Prüfungen ausgesetzt wurde. In klarer und sicherer Rede widerstand er allen Versuchen, ihn zum Glaubensabfall zu bewegen, und wurde nach mehreren Folterungen ermordet. Angesichts unserer Zaghaftigkeit wollen wir den Herrn um Erbarmen anrufen:

Kyrie-Rufe

Herr Jesus Christus,
du hast uns gewarnt, zwei Herren zu dienen.
Du hast uns losgekauft mit deinem Blut.
Du willst mit uns dein Reich aufrichten.

Tagesgebet

Herr, unser Gott,
das Gedächtnis des heiligen Vinzenz ist uns Anlass,
über unseren Glauben nachzudenken.
Stärke unseren Glauben,
damit wir mit dir verbunden leben
und Kraft finden, zu dir zu stehen
durch Jesus Christus.

Fürbitten

Der hl. Vinzenz hat sein Leben in die Hände Gottes gelegt. Auch wir wollen uns mit unseren Bitten dem Herrn anvertrauen:

- Für alle Menschen, die anderen Schmerzen zufügen: Führe sie zur Einsicht in die Unmenschlichkeit ihres Tuns und hilf ihnen auf Wege der Liebe.

- Für alle, die unter Grobheiten und Gewalt leiden: Gib ihnen Kraft, Unabänderliches zu tragen, und öffne ihnen Wege zu einem Leben in Frieden und Freiheit.
- Für die Diakone deiner Kirche: Steh ihnen bei, ihren Dienst mit Hingabe und Eifer auszuüben.
- Für die jungen Christen, die auf der Suche nach ihrem Weg sind: Lass sie Menschen begegnen, die ihren Glauben aufrichtig und überzeugend leben.

Guter Gott, du lässt die nicht ohne Trost, die auf dich vertrauen. Darum wollen wir dich loben und ehren in Ewigkeit.

Besinnung nach der Kommunion

»Gott ist in unseren Herzen aufgeleuchtet« (2 Kor 4,6).
Er hat uns erfasst und ergriffen,
er wurde unser Schatz
und wir haben ihn begeistert ergriffen.
Aber wir sind für diesen Schatz zerbrechliche Gefäße (vgl. 2 Kor 4,7),
denn wankelmütig ist des Menschen Herz.
Wir brauchen immer neu
Begegnung und Erfahrung mit dem Herrn,
damit unsere Begeisterung nicht erlischt
und unser Eifer nicht erlahmt.

Schlussgebet

Gütiger Gott,
in diesem Mahl hast du uns mit Christus verbunden
und einander zur gegenseitigen Sorge anvertraut.
Lass die Liebe,
die wir von deinem Sohn erfahren haben,
in uns fruchtbar werden
und in aller Bedrängnis standhalten
durch ihn, Christus, unseren Herrn.

Sel. Heinrich Seuse Ordenspriester, Mystiker, g

L: Weish 6,12-19; Ev: Mt 5,13-19

Einführung

Heinrich Seuse war im 14. Jahrhundert einer der großen deutschen Mystiker. Aus seinen eigenen Schriften und aus Berichten von Zeitgenossen wissen wir von vielen Visionen und einer ganz innigen Gottesliebe dieses Dominikaners. Seine tiefe Liebe zu Gott trieb ihn an, unermüdlich als Prediger zwischen Bodensee und den Niederlanden unterwegs zu sein, um in anderen die Gottesliebe zu wecken und sie zu mahnen, mit ihrem Christsein ernst zu machen. – Auch wenn unsere Gottesliebe eher bescheiden zu nennen ist, so führt sie uns doch immer wieder hier zusammen, um uns von seiner Liebe beschenken und nähren zu lassen in der Hl. Schrift und in den Sakramenten. – *Stille*

Kyrie-Rufe

Herr Jesus Christus,
du führst uns in Gottes ewige Weisheit ein.
Du lehrst uns die Liebe zum Vater im Himmel.
Du bezeugst uns deine Liebe im Sakrament des Todes und der Auferstehung.

Tagesgebet *(Vgl. MB)*

Gott, du Quelle der Weisheit,
du hast den seligen Heinrich Seuse in deine Nähe gerufen
und in seinem Herzen die Liebe zu dir entzündet.
Lass auch uns deine Nähe immer wieder erfahren
und daraus Trost für unser Leben gewinnen
durch Jesus Christus.

Fürbitten

Wir wissen, mit welch unvergleichlicher Liebe uns der Vater im Himmel zugetan ist. Deshalb wollen wir ihm unsere Bitten anvertrauen:

- Für alle, die dir noch fern sind, weil sie nicht verstehen, wie nahe du ihnen bist: Erleuchte ihnen Herz und Geist mit deiner Weisheit, damit sie dich erkennen.

- Für alle, die dich schon als das Geheimnis ihres Lebens erkannt haben: Stärke sie, dich und deine Liebe in die Welt zu tragen und die Welt zu verändern.
- Für alle, die deinen Anruf hören, aber nicht Mut und Kraft aufbringen, ihm zu folgen: Brich ihre Verzagtheit auf und gib ihnen Tatkraft und Entschlossenheit.
- Für die Priester und Ordensleute und für alle, die sich in deiner Kirche engagieren: Richte sie auf aus Zweifel und Resignation und entflamme immer neu das Ja zu ihrer Berufung.

Barmherziger Vater, du hast uns zu Großem berufen. Wir danken dir und preisen deine Größe durch Christus, unseren Herrn.

Besinnung nach der Kommunion

Ob wir ahnen können,
wer wir hätten werden können,
wenn wir unserer Berufung immer gefolgt wären?
Wenn wir uns von Gott
ganz hätten ergreifen lassen,
nach seinem Bild hätten formen lassen?
Zu welcher Liebe wir fähig wären,
wenn wir immer in ihm geblieben wären?
So bleibt uns nur der stets neue Versuch,
den Herrn, der zu uns gekommen ist,
aufzunehmen, in uns zu bewahren
und seine Liebe zu erwidern.

Schlussgebet

Ewiger Gott,
wie dem seligen Heinrich Seuse
verbindet sich dein Sohn auch uns
im Sakrament seines Leibes (und Blutes).
Lass die Liebe, mit der du uns begegnest,
in uns reifen und wachsen,
damit wir dich in uns
und zu den Menschen tragen
durch Christus, unseren Herrn.

Hl. Franz von Sales

Bischof, Ordensgründer, Kirchenlehrer, G

L: Eph 3,8-12; Ev: Joh 15,9-17

Einführung

»Ich will ... eine freie und fröhliche Frömmigkeit, die liebenswürdig ist vor Gott und den Menschen.« So hat der hl. Franz von Sales, im 17. Jahrhundert Bischof von Genf, geschrieben, und so hat er gelebt. Tiefe Liebe zu Gott und feinsinniger Geist haben ihn zu einem bedeutenden Glaubenslehrer gemacht, den Nachsicht und Milde auszeichneten. Selbst ein kalvinistischer Zeitgenosse äußerte über ihn: »Wenn wir irgendeinen Menschen als Heiligen anerkennen würden, so weiß ich seit den Tagen der Apostel keinen, der würdiger wäre als dieser Mann.« – Eifer für Gott und Liebe zu den Menschen, das lernen wir wie Franz von Sales am besten in der Schule unseres Herrn Jesus Christus. Machen wir uns auf, seine Schüler zu werden! – *Stille*

Kyrie-Rufe

Herr Jesus Christus,
du hast uns alle als deine Brüder und Schwestern angenommen.
Du willst, dass wir heilig werden, wie der Vater heilig ist.
Du willst, dass wir vergeben und auch unsere Feinde lieben.

Tagesgebet

Gütiger Gott,
du hast den heiligen Franz von Sales
mit der Gabe beschenkt,
um deinetwillen ganz für alle Menschen da zu sein.
Hilf auch uns, einander zu dienen,
damit deine Menschenfreundlichkeit
durch uns in der Welt Gestalt annehme
durch Jesus Christus.

Fürbitten

Zu Christus, der uns in die Freiheit führen will, lasst uns beten:

- Schenke deiner Kirche auch heute heilige Bischöfe, Priester und Diakone, die, ganz von dir erfüllt, dein Volk im Heiligen Geist führen.
- Sei allen, die in Not und Bedrängnis leben, nahe und lehre uns, einander in Liebe zu tragen.
- Erfülle die Sehnsucht aller, die auf Anerkennung, Verzeihung und Liebe warten.
- Gib uns die Bereitschaft, die Schwachen anzunehmen und ihnen zu dienen.

Heiliger Gott, du umgibst uns mit deiner Sorge und Liebe. Sei gelobt und gepriesen in Ewigkeit!

Besinnung nach der Kommunion

Liebe ist eine Gratwanderung
zwischen Nachsicht und Strenge.
Beide, Nachsicht und Strenge,
können Ausdruck der Liebe sein.
Zur rechten Zeit das Rechte im rechten Maß einzusetzen,
ist die große Kunst.
Aber immer gilt:
Beide, Nachsicht und Strenge,
müssen aus Liebe geübt werden.

Schlussgebet

Allmächtiger Gott,
wir haben das Sakrament
deiner unendlichen Liebe empfangen.
Hilf uns, ähnlich dem heiligen Franz von Sales,
weiterzugeben, was wir von dir empfangen,
durch Christus, unseren Herrn.

Bekehrung des hl. Apostels Paulus F

L: Apg 22,1a.3-16 oder *Apg 9,1-22; Ev: Mk 16,15-18*

Einführung

Wir feiern das Fest der Bekehrung des Apostels Paulus. Gerade er, ein leidenschaftlicher Jude und Schüler der Pharisäer, bekannt als Verfolger der Christen, wird von Gott erwählt, die Heiden zum Glauben an den gekreuzigten und auferstandenen Christus als den Messias aller Menschen zu bekehren. Dazu muss er sich aber selbst bekehren. Unberechenbar sind Gottes Pläne. Aber in der Stunde von Damaskus hat Paulus eine Christusbegegnung, die ihn umwirft und seinem Leben neuen Sinn und neue Richtung gibt. Er hat den Erlöser gefunden und wird ihn nun anderen verkünden. – Ein Ansporn für uns, den Herrn, den wir gefunden haben, weiterzuverkünden? – *Stille*

Kyrie-Rufe

Herr Jesus Christus,
du hast uns als deine Jünger erwählt.
Du sendest uns, dich zu den Menschen zu bringen.
Du stärkst jene, die du sendest.

Tagesgebet *(Vgl. MB)*

Gott, du Heil aller Völker,
du hast den Apostel Paulus auserwählt,
den Heiden die Frohe Botschaft zu verkünden.
Wir feiern heute das Fest seiner Bekehrung.
Schenke auch uns die Gnade,
uns deinem Anruf zu stellen
und vor der Welt deine Wahrheit zu bezeugen
durch Jesus Christus.

Fürbitten

Den Herrn Jesus Christus, der dem Paulus Augen und Ohren gab, die Wahrheit zu erkennen, wollen wir bitten:

- Gib deiner Kirche heute Menschen, die wie Paulus mit Geist und Kraft deine Botschaft verkünden.
- Erleuchte die Nachfolger der Apostel mit dem Licht deines Geistes zur Verkündigung der Wahrheit.
- Schenke den jungen Christen Bereitschaft, ihr Ja zu dir zu sprechen, und wecke in ihnen Begeisterung für ein Leben in deiner Nachfolge.
- Nimm dich der Schwachen und Zweifelnden an und erneuere ihren Glauben.

Denn mit dir und deiner Führung wird unser Leben gelingen und ans Ziel gelangen. Dafür preisen wir dich jetzt und in Ewigkeit.

Besinnung nach der Kommunion

Durch den Glauben sollen die Menschen gerettet werden (vgl. Mk 16,16).
Wie aber sollen sie glauben,
wenn ihnen nicht verkündet wird?
Wie sollen sie den Glauben kennenlernen,
wenn er ihnen nicht vorgelebt wird?
Uns ist der Glauben vieler anvertraut.
Durch uns sollen sie ihn kennenlernen
und für Christus gewonnen werden.

Schlussgebet

Herr, unser Gott,
du hast uns in diesem Sakrament mit dir vereint.
Lass uns die Einheit mit dir bewahren,
wenn wir nun fortgehen,
damit du selbst mit uns gehst,
wohin wir auch gehen,
damit wir dich zu den Menschen bringen,
denen wir begegnen werden
durch Christus, unseren Herrn.

Hl. Timotheus und hl. Titus

Bischöfe, Apostelschüler, G

L: 2 Tim 1,1-8 oder *Tit 1,1-5; Ev: Lk 10,1-9*

Einführung

Gestern haben wir die Bekehrung des Paulus gefeiert. Heute werden wir an die Früchte seiner Bekehrung erinnert. Die Tagesheiligen Timotheus und Titus waren Schüler des Paulus und Bischöfe in der frühen Kirche. Den Glauben können wir nicht für uns behalten, weil wir Freude, Erkenntnis und Einsicht des Geistes mit anderen teilen müssen. Das liegt in unserer menschlichen Natur. Wenn uns Christus die Verkündigung seiner Botschaft aufgetragen hat, hat er uns nichts anderes geboten als das zu tun, was unserem Wesen entspricht. Wir werden soviel von der Freude, Erkenntnis und Einsicht des Geistes weitergeben wollen, wie in uns selber an Glauben lebendig ist. – *Stille*

Kyrie-Rufe

Herr Jesus Christus,
du hast dem Volk durch deine Predigt einen neuen Weg gewiesen.
Du durchschaust unser Herz und willst uns für das Leben gewinnen.
Du schenkst uns das Glück des Glaubens, damit wir andere zur Lebensfreude führen.

Tagesgebet *(Vgl. MB)*

Gott, unser Vater,
du hast die Apostelschüler Timotheus und Titus
mit den Gaben des Heiligen Geistes beschenkt
und sie deiner Kirche als Hirten gegeben.
Hilf auch uns,
gerecht und fromm in dieser Welt zu leben
und zur Gemeinschaft mit deinen Heiligen zu gelangen
durch Jesus Christus.

Fürbitten

Zu Christus, der unserem Leben Licht und Freude gibt, wollen wir beten:

- Für alle Bischöfe: Entfache deine Gnade stets neu in ihnen, damit sie in ihrem Dienst nicht erstarren.
- Für alle Seelsorger: Belebe sie immer wieder durch deinen Geist, damit sie in ihrem Eifer nicht ermüden.
- Für die jungen Menschen, die du zum priesterlichen Dienst senden willst: Lass sie ihre Berufung erkennen und ermutige sie, deinen Ruf anzunehmen.
- Für unsere Familien: Erfülle sie mit Glaubensfreude und steh ihnen bei, ihr Zusammenleben in Frieden zu gestalten.

Herr, du weckst und förderst unsere guten Bemühungen durch deinen Geist. Dir sei Lob und Dank in Ewigkeit.

Besinnung nach der Kommunion

Gesandte des Herrn
sind wir in dieser Welt.
Gesandte haben nicht sich selbst
zu vertreten und zu verkünden,
sondern nur den, der sie gesandt hat.
Sein Wort und seine Liebe,
seinen Frieden, aber auch den Ruf zur Entscheidung
hat er uns aufgetragen,
den Menschen zu bringen.
Vielleicht müssten wir uns nur manchmal
bewusster sein, wozu wir gesandt sind.

Schlussgebet

Herr, unser Gott,
du hast uns am Gedenktag
der heiligen Bischöfe Timotheus und Titus
mit dem Leib (und Blut) Christi genährt.
Dieses Sakrament stärke uns,
die Gemeinschaft mit Christus zu leben
und ihn vor den Menschen zu bezeugen
durch ihn, Christus, unseren Herrn.

Hl. Angela Merici Ordensgründerin, g

L: 1 Petr 4,7b-11; Ev: Mk 9,34-37

Einführung

Der hl. Angela Merici waren Erziehung und Bildung der Mädchen ein besonderes Anliegen, besonders den Mädchen aus armen Volksschichten galt ihr Augenmerk. Mit dieser Zielsetzung gründete sie 1535 in Norditalien den Orden der Ursulinen. Unter Erziehung verstand sie u. a.: den Schwachen und Schüchternen Mut machen, mit Liebe zurechtweisen, die Freude des Evangeliums durch das eigene Beispiel verkünden. – *Stille*

Kyrie-Rufe

Herr Jesus Christus,
du willst, dass wir einander annehmen wie du uns angenommen hast.
Du willst, dass wir einander lieben, wie du uns geliebt hast.
Du willst, dass wir einander dienen, wie du uns gedient hast.

Tagesgebet

Gütiger Gott,
du hast der heiligen Angela
ein Herz für die jungen Menschen gegeben
und das Talent, sie klug zu leiten
und zu dir zu führen.
Hilf auch uns, dich zu bezeugen
und durch unser Beispiel jungen Menschen
den Weg zu dir zu weisen
durch Jesus Christus.

Fürbitten

Lasst uns zu Christus, der uns den Weg zum Vater eröffnet hat, rufen:

- Schenke den Orden, die sich der Erziehung und Bildung der Jugend widmen, junge Mitglieder, die sich mit Geschick und Tatkraft ihrer Aufgabe annehmen.

- Gib den Verantwortlichen in der Schul- und Bildungspolitik Hochschätzung der Werteerziehung und befähige sie, die richtigen Entscheidungen zu treffen.
- Gib den jungen Menschen Religionslehrer, die ihnen in der Vielfalt der Angebote klare Wertmaßstäbe aus deiner Lehre aufzeigen können.
- Hilf den jungen Menschen, bei ihrer Suche nach Lebensorientierung dich als Lehrmeister zu entdecken und bei dir Sicherheit zu finden.

Allmächtiger Gott, wir alle sind auf dem Weg zu dir. Führe uns ans Ziel des Lebens durch Christus, unseren Herrn.

Besinnung nach der Kommunion

Kinder erziehen hieß für die hl. Angela,
sie zu Gott führen,
ihnen eine Leiter aufstellen,
auf der sie Stufe für Stufe weitersteigen
und Gott näher kommen könnten.
Diese Leiter dürfen aber nicht nur Worte sein,
wir selber müssen als Erzieher
auf dieser Leiter steigen,
wenn wir wünschen,
dass auch die Kinder zu steigen beginnen.

Schlussgebet

Allmächtiger Gott,
die Gemeinschaft des heiligen Mahles,
die uns dein Sohn geschenkt hat,
möge uns dazu anstiften,
dass wir nun weiterhin
in Gemeinschaft mit ihm bleiben
und einander Gemeinschaft schenken
durch ihn, Christus, unseren Herrn.

Hl. Thomas von Aquin

Ordenspriester, Kirchenlehrer, G

L: Weish 7,7-10.15-16; Ev: Mt 23,8-12

Einführung

Ein Jahr lang hatte seine Familie den hl. Thomas von Aquin in Hausarrest gehalten, um zu verhindern, dass er sich dem Dominikanerorden anschloss. Nachdem er sich durchgesetzt hatte, wurde er Schüler von Albert dem Großen und schließlich selbst einer der bedeutendsten Theologen der Kirche. Aber nicht nur der Wissenschaft hat er wegweisende Dienste erwiesen, viele seiner eucharistischen Hymnen haben die Frömmigkeit der Christen bis heute geprägt. Der Glaube dieses Heiligen bewährte sich im Ineinandergreifen von Intellekt und Herz. Gerade dies hat ihn so geistvoll gemacht. Es wäre schön, wenn auch wir die Gaben der Vernunft und der Frömmigkeit gleichermaßen pflegen könnten. – *Stille*

Kyrie-Rufe

Herr Jesus Christus,
du Sohn des lebendigen Gottes und einziger Lehrer der Menschheit.
In deinem Wort bist du unter uns als Meister aller, die dir folgen.
In Brot und Wein wirst du gegenwärtig als Speise und Kraft derer, die glauben.

Tagesgebet *(Vgl. MB)*

Gott, du Urgrund aller Weisheit,
du hast dem heiligen Thomas von Aquin
leidenschaftlichen Durst nach Heiligkeit und Wahrheit gegeben.
Hilf auch uns, dein Wort zu verstehen
und nach Heiligkeit zu streben
durch Jesus Christus.

Fürbitten

Zu Jesus Christus, der hier in unserer Mitte ist, lasst uns beten:

- Gib der Kirche Offenheit für die Anliegen der Menschen und für das Wehen deines Geistes.
- Erfülle die Theologieprofessoren und Lehrer des Glaubens mit deinem Geist, der wahre Erkenntnis schenkt.
- Gib allen, die dich suchen, deinen Geist, damit sie zu dir finden.
- Stärke in allen Christen den Glauben und die Ehrfurcht vor dem Geheimnis deiner Gegenwart.

Ewiger und unerforschlicher Gott, du nimmst Wohnung in unseren Herzen. Dafür preisen wir dich heute und in Ewigkeit.

Besinnung nach der Kommunion

Einer nur ist unser Lehrer: Christus (vgl. Mt 23,10).
Denn begrenzt ist menschliche Einsicht
und getrübt unser sittliches Streben.
Nur er, der Gott ist seit Ewigkeit,
ist vollkommen in Erkenntnis und Handeln.
Darum müssen wir ihn täglich neu
aufnehmen ins Herz, in den Geist,
um seine Schüler zu sein und zu lernen.
Dazu gab er uns ja sein Wort,
dazu gibt er sich uns im Sakrament
und lässt seinen Geist in uns wohnen.

Schlussgebet

Allmächtiger Gott,
im gemeinsamen Mahl haben wir Christus,
das Brot des Lebens, empfangen.
Gib, dass wir auf ihn,
den einzig wahren Lehrer, hören
und wie der heilige Thomas von Aquin
deine Wahrheit suchen
und in unserem Leben bezeugen
durch Christus, unseren Herrn.

Hl. Johannes Bosco Priester, Ordensgründer, G

L: Phil 4,4-9; Ev: Mt 18,1-5

Einführung

Ein Mann, der voller Begeisterung für Jesus Christus war und diese Begeisterung jungen Menschen weitervermitteln konnte, war der hl. Johannes Bosco. Als Priester in Turin nahm er sich im 19. Jahrhundert gerade *der* Kinder und Jugendlichen an, die im sozialen Abseits aufwuchsen. Seine tiefe Frömmigkeit und sein unerschütterliches Gottvertrauen ließen ihn in der Erziehung neue Wege gehen und die jungen Menschen für Christus gewinnen. So wurde er Vorbild für alle, die heute die Herzen der Jugend für Christus öffnen wollen. Die Salesianer Don Boscos und die Mariahilfschwestern bemühen sich heute sein Werk fortzusetzen. – *Stille*

Kyrie-Rufe

Herr Jesus Christus,
du hattest ein Herz für die Kinder.
Du rufst junge Menschen in deine Nähe.
Du zeigst uns den Weg zu unserem Glück.

Tagesgebet

Gütiger Gott,
du bist die Freude unseres Lebens.
Du hast den heiligen Johannes Bosco berufen,
sein Leben der Jugend zu weihen
und ihr ein Vater und Lehrer zu sein.
Schenke uns ähnliche Liebe,
damit auch wir in dir verankert sind
und Menschen zu dir führen können
durch Jesus Christus.

Fürbitten

Jesus hat die Kinder zu sich gerufen. Wir wollen ihn bitten:

- Schenke deiner Kirche Seelsorger, die wie Johannes Bosco junge Menschen für dich und deine Nachfolge begeistern können.
- Eröffne auch Kindern aus schwierigem Sozialmilieu die Gelegenheit, dich kennenzulernen und sich dir in der Gemeinschaft der Kirche anzuvertrauen.
- Gib allen Erziehern und Religionslehrern ein Herz für junge Menschen, Verständnis und Geduld, sie für dich zu gewinnen.
- Lass uns in unserer (Pfarr-)Gemeinde ein Klima schaffen, in dem Jugendliche Heimat und Christusbegegnung finden können.

Denn du willst, dass wir dir unser Herz schenken, wie du uns das deine schenkst. Dir sei Lob und Dank in Ewigkeit.

Besinnung nach der Kommunion

Wenn Christus in uns wohnt,
dann ist auch die Freude in uns zu Hause.
Denn wer sich in Gott geborgen weiß,
kann im Innersten fröhlich sein.
Wer sich vom Herrn erlöst weiß,
muss nicht mehr traurig sein.
Wer sich vom Herrn begleitet weiß,
muss nicht mehr ängstlich sein.

Schlussgebet

Allmächtiger Gott,
die Gemeinschaft des heiligen Mahles,
die uns dein Sohn geschenkt hat,
möge uns dazu anstiften,
dass wir nun weiterhin
in Gemeinschaft mit ihm bleiben
und einander Gemeinschaft schenken
durch ihn, Christus, unseren Herrn.

Darstellung des Herrn F (I)

1. L: Mal 3, 1-4; 2. L: Hebr 2, 11-12.13c-18; Ev: Lk 2, 22-40

Einführung

Wir feiern das Fest der Darstellung des Herrn. Zum ersten Mal begegnet Jesus im Tempel seinem Volk. Simeon und Hanna preisen Gott und erkennen im Heiligen Geist Jesus als das Licht der ganzen Menschheit. Weil wir diesen Glauben teilen, segnen wir heute die Kerzen zum gottesdienstlichen Gebrauch und ziehen in einer Lichterprozession in die Kirche, wo die Feier des Herrn als »Licht der Welt« ihren Höhepunkt finden wird.

Kerzenweihe *(Vgl. MB)*

Gott, du bist das wahre Licht,
das die Welt mit seinem Glanz erhellt.
Erleuchte auch unsere Herzen,
damit alle, die heute mit brennenden Kerzen
vor dich hintreten,
dich einst im ewigen Licht deiner Herrlichkeit schauen,
durch Christus, unseren Herrn.

Lichterprozession

Lobgesang des Simeon; GL 149,7 *mit* GL 700,3; *oder*: GL 564 (Christus Sieger)

Oder in einem Gottesdienst ohne Kerzensegnung und Prozession:

Einführung

Wir feiern das Fest der Darstellung des Herrn. Zum ersten Mal begegnet Jesus im Tempel seinem Volk. Simeon und Hanna preisen Gott und erkennen im Heiligen Geist Jesus als das Licht der ganzen Menschheit. Weil wir diesen Glauben teilen, wollen wir sein Licht in uns aufnehmen und in die Welt hinaustragen. – *Stille*

Kyrie-Rufe

Herr Jesus Christus,
du wahres Licht der Menschen.
Du Heil der ganzen Welt.
Du Herrlichkeit deines Volkes.

Tagesgebet *(Vgl. MB)*

Allmächtiger, ewiger Gott,
dein eingeborener Sohn
hat unsere menschliche Natur angenommen
und wurde im Tempel dargestellt.
Läutere unser Leben und Denken,
damit wir mit reinem Herzen vor dich hintreten,
durch Christus, unseren Herrn.

Fürbitten

Wir rufen Jesus Christus an, das wahre Licht der Welt:

- Für alle, die heimatlos in dieser Welt herumirren: dass sie Heimat finden.
- Für alle, die nach der Wahrheit suchen: dass sie Christus finden.
- Für die Kirche, die Christus zur Welt bringen soll: dass sie die Sehnsucht der Menschen nach diesem Licht stillen kann.
- Für uns alle: dass wir Christus so in uns tragen, dass sein Licht durch uns in die Welt strahle.

Herr Jesus Christus, du Heil der Welt und Licht auf unserem Weg, dir sei Lobpreis, Ruhm und Ehre in Ewigkeit.

Besinnung nach der Kommunion

Simeon und Hanna haben nicht vergebens gewartet;
sie durften den Messias sehen.
Er hat ihre Augen geöffnet,
ihre Zunge gelöst,
ihre Sehnsucht gestillt.
Das kann auch uns geschehen,
wenn wir uns in Liebe Christus öffnen:
Er wird die Augen unseres Geistes erleuchten,
unsere Zunge zum Lobpreis lösen,
unser Herz mit Freude und Frieden erfüllen.

Schlussgebet *(Vgl. MB)*

Barmherziger Gott,
du hast die Erwartung Simeons erfüllt
und ihn Christus schauen lassen.
Erfülle auch unser Verlangen:
Lass uns Christus entgegengehen
und in ihm das ewige Leben finden,
der mit dir lebt und Herr ist in alle Ewigkeit.

Darstellung des Herrn Fest (II)

1. L: Mal 3, 1-4; 2. L: Hebr 2, 11-12.13c-18; Ev: Lk 2, 22-40

Einführung

Für Simeon und Hanna erfüllt sich die Sehnsucht ihres Lebens: Sie dürfen das Kommen des Messias erleben und ihm begegnen. Ihr Herz jubelt, ihr Geist ist verzückt; der Retter ist zu seinem Volk gekommen. – Mit dankbarem Herzen und jubelnder Seele wollen wir uns heute daran erinnern und es feiern: Christus, das Heil der Welt, das Licht aller Völker, ist gekommen, um Gottes Reich aufzurichten und die Menschheit zu befreien. Mit ihm wollen wir auf dem Weg bleiben von der Taufe durch den Karfreitag bis zur Auferstehung, damit unser Lebensweg durch ihn vollendet werde.

Kerzenweihe *(Vgl. MB)*

Gott, du bist das wahre Licht,
das die Welt mit seinem Glanz erhellt.
Erleuchte auch unsere Herzen,
damit alle, die heute mit brennenden Kerzen
vor dich hintreten,
dich einst im ewigen Licht deiner Herrlichkeit schauen,
durch Christus, unseren Herrn.

Zur Prozession

Lobgesang des Simeon; GL 149,7 *mit* GL 700,3; *oder*: GL 564 (Christus Sieger)

Kyrie-Rufe

Herr Jesus Christus,
du wahres Licht der Menschen.
Du Heil der ganzen Welt.
Du Herrlichkeit deines Volkes.

Tagesgebet *(Vgl. MB)*

Allmächtiger, ewiger Gott,
dein eingeborener Sohn
hat unsere menschliche Natur angenommen
und wurde im Tempel dargestellt.
Läutere unser Leben und Denken,
damit wir mit reinem Herzen vor dich hintreten,
durch Christus, unseren Herrn.

Fürbitten

Jesus Christus ist der menschgewordene Sohn des lebendigen Gottes. Wir bitten ihn:
- Für alle Menschen, die dich und deine Heilsbotschaft noch nicht kennen: Schließe ihr Herz auf und bereite deinen Boten einen Weg zu ihnen.
- Für die Kirche, der du dein Wort und deine Sakramente anvertraut hast: Schenke ihr ungebrochene Kraft zum Zeugnis und Ehrfurcht vor dem Geheimnis, dem sie dient.
- Für *die* Menschen, deren Hoffnung durch Leid oder Enttäuschung getrübt ist: Gehe du ihnen auf als das Licht, das die Dunkelheit des Lebens erhellt.
- Für die jungen Menschen, die auf der Suche nach der Wahrheit und dem Leben sind: Führe sie zu dir und lass sie erkennen, dass sie in dir Erfüllung ihrer Sehnsucht nach Liebe und Glück erfahren.

Gott des Himmels und der Erde, du hast die Menschen nicht der Finsternis und Blindheit überlassen. Dir sei Dank durch unser ganzes Leben in Christus, unserem Herrn.

Besinnung nach der Kommunion

Gott stirbt nicht,
wenn wir aufhören,
an ihn zu glauben.
Aber wir sterben,
wenn wir aufhören,
unser Leben an ihn zu binden,
sein Licht in uns aufzunehmen.
Ohne ihn gehen wir im Dunkel,
ohne ihn sind wir ohne Zukunft.

Schlussgebet *(Vgl. MB)*

Barmherziger Gott,
du hast die Erwartung Simeons erfüllt
und ihn Christus schauen lassen.
Erfülle auch unser Verlangen:
Lass uns Christus entgegengehen
und in ihm das ewige Leben finden,
der mit dir lebt und Herr ist in Ewigkeit.

Hl. Ansgar Bischof, Glaubensbote, g

L: Jes 52,7-10; Ev: Mk 1,14-20

Einführung

Der hl. Ansgar wird vor allem in Skandinavien als »Apostel des Nordens« gefeiert. Im 9. Jahrhundert machte sich der Benediktinermönch auf den Weg zu den Wikingervölkern, um ihnen den christlichen Glauben zu verkünden. Es war ein mühevolles Unterfangen, von wenig sichtbarem Erfolg gekrönt. Trotz der Taufen der Könige Harald und Olaf blieben die Herzen des Volkes der Botschaft des Evangeliums verschlossen. Nur kleinere Christengemeinden konnte Ansgar gründen. Aber ihn zeichneten Treue zu seiner Sendung und Hartnäckigkeit in der Arbeit aus. Ein Aufgeben kam für ihn nicht in Frage. Was ihm nicht gelang, würden andere fortführen. – Auch wir erleben Misserfolge, aber im Dienst des Herrn darf es keine Resignation geben. – *Stille*

Kyrie-Rufe

Herr Jesus Christus,
du willst die Mitte unseres Lebens sein, damit wir in dir Halt finden; wir sollen anderen zeigen, wer du bist.
Du lässt uns nicht los, damit wir nicht müde und lustlos werden; wir sollen Mut zu unbequemen Wegen haben.
Du zeigst uns den Weg zum Leben, damit wir an unser Ziel kommen; wir sollen uns in aller Dunkelheit an deinem Licht orientieren.

Tagesgebet

Gott, du Licht der Menschen,
der heilige Ansgar hat dein Evangelium
den Völkern im Norden Europas verkündet.
Lass sie und alle Menschen
dein Licht aufs Neue ergreifen,
damit du uns allen aufgehst
als Herr und Retter unseres Leben
durch Jesus Christus.

Fürbitten

Wir wollen zu Christus beten, dessen Ruf der hl. Ansgar gefolgt ist:

- Für alle Menschen in Europa, denen das Evangelium heute neu verkündet werden muss, weil sie satt und gleichgültig geworden sind: dass sie sich deinem Wort öffnen.
- Für die Seelsorger in der nordischen Diaspora: dass sie in Misserfolg nicht erlahmen und Freude in ihrem Dienst finden.
- Für alle Christen, die sich heute von dir in die Mission senden lassen: dass dein Geist ihre Zunge führt und die Herzen ihrer Hörer bereitet.
- Für uns selber: dass wir umkehren, wo es nötig ist, und dass wir uns unsere Aufgaben von dir zeigen lassen.

Himmlischer Vater, im Heiligen Geist gibst du uns Kraft, deinen Willen zu tun durch Christus, unseren Herrn.

Besinnung nach der Kommunion

Wir erleben Höhen und Tiefen,
schöpfen Hoffnung und Tatkraft,
lernen die Enttäuschung kennen.
Aber stehen wir nicht auch darin
in der Nachfolge unseres Herrn?
So wollen wir uns immer neu
von ihm rufen und senden lassen.
Täglich ist ein neuer Aufbruch möglich.
Auf das Wort des Herrn hin
wollen wir gehen.

Schlussgebet

Ewiger Gott,
wir danken dir für deine Nähe
und für das Sakrament, das wir empfangen durften.
Schenke uns neue Freude am Glauben,
damit wir, ähnlich dem heiligen Ansgar,
uns deiner Sendung treu erweisen
durch Christus, unseren Herrn.

Hl. Blasius Bischof, Märtyrer, g

L: Röm 5,1-5; Ev: Mk 16,15-20

Einführung

Der hl. Blasius, armenischer Bischof, erlitt Anfang des 4. Jahrhunderts den Märtyrertod. Aufgrund einer Legende, nach der er einen Jungen vor dem Erstickungstod bewahrt hat, wird er besonders bei Halsleiden angerufen. So entstand der Blasiussegen, eine Bitte um Bewahrung vor Halskrankheiten (den Sie am Ende des Gottesdienstes empfangen können). Gott ist es, der seinen Segen auf uns legt, damit wir an seiner Lebensfülle Anteil erhalten. Er erhält unser Leben über den Tod hinaus. So haben wir allen Grund, ihm zu danken und ihn zu feiern. – *Stille*

Kyrie-Rufe

Herr Jesus Christus,
du hast Kranke geheilt und den Tod bezwungen.
Du kennst unsre Sorgen und hilfst sie uns tragen.
Du kennst unsre Sünde und willst uns vergeben.

Tagesgebet

Herr, unser Gott,
am Gedenktag des heiligen
Bischofs und Märtyrers Blasius
haben wir uns vor dir versammelt.
Bewahre uns in diesem Leben
vor Schaden an Leib und Seele
und schenk uns danach das ewige Glück
durch Jesus Christus.

Fürbitten

Jesus Christus hat sich als unser Heiland erwiesen. Ihn wollen wir bitten:

- Schenke den Kranken Geduld und erfülle ihre Hoffnung.
- Führe die Christen Armeniens auf dem Weg zur freien Religionsausübung.
- Steh den Menschen in Todesgefahr bei und rette ihr Leben.
- Zeige denen, die mit ihrem Leben nicht zurechtkommen, einen Weg, der ihnen Mut macht.

Du, Herr, gehst mit uns auf unseren Wegen. Dir vertrauen wir heute und in Ewigkeit.

Besinnung nach der Kommunion

In der Kirche reden wir oft vom Heil.
Wirklich heil ist nur Gott,
ohne Fehl und Tadel.
Darum nennen wir ihn den Heiligen.
Aber weil er uns in sein Herz geschlossen hat,
will er auch uns heilen.
So heilt er uns durch die Sakramente,
auf dass wir auf ewig das Heil erlangen,
zu dem uns Christus erlöst hat.

Schlussgebet

Herr, unser Gott,
du hast den heiligen Bischof Blasius
für das Martyrium gestärkt
und ihn selbst im Gefängnis
noch für die ihm anvertrauten Menschen sorgen lassen.
Stärke auch unseren Glauben
und unsere Liebe zu allen, denen wir begegnen,
durch Christus, unseren Herrn.

Hl. Rabanus Maurus Bischof, g

L: Weish 9,1-6.9-10.12a; Ev: Mt 5,13-16

Einführung

Heute erinnern wir uns an einen Theologen von universaler Bildung. Der hl. Rabanus Maurus, im 9. Jahrhundert Benediktinerabt in Fulda und dann Erzbischof von Mainz, erhielt den Beinamen »erster Lehrer Germaniens«. In seinen zahlreichen Schriften steht der Satz: »Mir bedeutet das Höchste in meinem Leben, zu jeder Zeit Gott zu folgen und meine Hoffnung auf Gott zu setzen.« Das ist ein Wort, das uns nachdenklich machen kann, was uns als das Höchste gilt. Ob wir da nicht von Rabanus Maurus lernen können: zu jeder Zeit Gott folgen und auf ihn unsere Hoffnung setzen? – *Stille*

Kyrie-Rufe

Herr Jesus Christus,
du bist Lehrer der Menschen.
Du hast jederzeit den Willen deines Vaters erfüllt.
Selbst im Kreuzweg hast du deine Hoffnung auf den Vater gesetzt.

Tagesgebet

Allmächtiger Gott,
du hast dem heiligen Rabanus Maurus Weisheit geschenkt
und die Gabe, deine Wahrheit den Menschen zu vermitteln.
Lass auch uns dir nahe sein,
damit wir von dir Weisheit annehmen
und dein Licht in die Welt tragen
durch Jesus Christus.

Fürbitten

Zum Vater im Himmel, auf den Rabanus Maurus all seine Hoffnung setzte, lasst uns beten:

- Für alle Verkünder der Frohen Botschaft: um den Geist der Weisheit und die Kraft des Wortes.
- Für alle, die in der Seelsorge Enttäuschung erleiden: um neuen Mut und Vertrauen auf dich.
- Für alle, die im Mönchtum ihre Berufung erkennen: um ein erfülltes Leben aus der Verbundenheit mit dir.
- Für die Jugendlichen: um gläubige und engagierte Seelsorger und Lebensbegleiter.

Du, Vater, bist unser Friede und unsere Geborgenheit. Dir sei Ruhm und Ehre in Ewigkeit.

Besinnung nach der Kommunion

Der Herr hat sich uns
im heiligen Mahl geschenkt.
Wir wollen ihn aufnehmen in unser Herz,
in unsere innerste Mitte,
wollen ihn bitten, bei uns zu bleiben,
damit er unser Denken und Wollen lenke,
uns für die Menschen öffne
und in sein ewiges Reich führe.

Schlussgebet

Barmherziger Gott,
der heilige Rabanus Maurus
hat unermüdlich nach der Wahrheit gesucht
und sein Leben in den Dienst der Menschen gestellt.
Das Sakrament, das du uns geschenkt hast,
gebe uns Kraft und Ausdauer,
dir und den Menschen zu dienen
durch Christus, unseren Herrn.

Hl. Agatha Jungfrau, Märtyrin, G

L: 1 Kor 1,26-31; Ev: Lk 9,23-26

Einführung

»Das Schwache in der Welt hat Gott erwählt, um das Starke zuschanden zu machen« (1 Kor 1,27). Dieses Pauluswort trifft auf die hl. Agatha zu, die im Widerstand gegen die römischen Christenverfolger Mitte des 3. Jahrhunderts ihren Glauben und ihre Treue zu Christus mit dem Martyrium bezahlen musste. Sie war bereit, dem Herrn in der Kreuzesannahme zu folgen, um sich selbst nicht zu verlieren. Solches Beispiel war in jener Zeit der Verfolgung für viele Christen wichtig, um selbst die Glaubenstreue zu bewahren. – Auch unser Glaube lebt vom Glaubenszeugnis, das wir einander geben. Denn Gleichgültigkeit und Lauheit bedrohen unseren Glauben. – *Stille*

Kyrie-Rufe

Herr Jesus Christus,
du erwartest unser Zeugnis für dich.
In unserer Not bist du unsere Kraft.
Du wirst *die* verherrlichen, die dir nachgefolgt sind.

Tagesgebet

Allmächtiger Gott,
du hast die heilige Agatha,
die Christus in der Jungfräulichkeit nachfolgen wollte,
in allen Folterungen gestärkt
und mit dem ewigen Leben beschenkt.
Steh auch uns bei,
wenn unser Glaube geprüft wird,
damit wir dir treu und zuverlässig dienen
durch Jesus Christus.

Fürbitten

Christus gibt uns die Hoffnung auf ein Leben in Fülle. Zu ihm beten wir:

- Für *die* Menschen, die sich über den Glauben erhaben fühlen und die Gläubigen belächeln oder bedrängen: Führe sie zu Toleranz und Einsicht.
- Für *die* Getauften, die sich nie zu einer klaren Glaubensentscheidung durchringen können: Gib ihnen Kraft zu Entschlossenheit und Entscheidung.
- Für die jungen Christen, die ihren Weg im Leben suchen: Gib ihnen Menschen an die Seite, die Glauben und Begeisterung für dich in ihr Herz pflanzen.
- Für uns selber: Stärke unseren Glauben und unsere Hoffnung und entfache unsere Liebe zu dir.

Ohne dich, Herr, sind wir schwach. Du aber bist unsere Kraft heute und alle Tage und in Ewigkeit.

Besinnung nach der Kommunion

Wie weit sind wir bereit,
mit Christus zu gehen?
Solange wir dabei nichts riskieren,
solange es uns dabei gut geht, sicher.
Aber wenn wir auf diesem Weg dem Kreuz begegnen?
Wenn wir uns entscheiden müssen,
es anzunehmen wie er es angenommen hat?
Christusnachfolge lohnt sich immer,
denn im Kreuz ist Heil, im Kreuz ist Leben.
Das wird sich uns erst dann erweisen,
wenn wir das Kreuz angenommen haben.

Schlussgebet

Ewiger Gott,
die heilige Agatha hat ihren Sinn
über den Rand des Vergänglichen hinaus
auf das gerichtet, was bleibt.
Gib auch uns für unsere Entscheidungen
die Weitsicht, die nicht am Irdischen klebt,
damit wir in Liebe zu dir
stets tun, wozu du uns rufst
durch Christus, unseren Herrn.

Hl. Paul Miki und Gefährten Märtyrer, G

L: Gal 2,19-21; Ev: Mt 28,16-20

Einführung

In furchtbaren Christenverfolgungen, die der Kaiser angeordnet hatte, wurden am 5. Februar 1597 sechsundzwanzig Missionare und japanische Christen vor der Stadt Nagasaki gekreuzigt. Ihr Wortführer, der japanische Jesuit Paul Miki, predigte noch vom Kreuz herab zu seinen Landsleuten. – Wenn wir dem Herrn auch nicht bis ans Kreuz nachfolgen müssen, so ist von uns doch Christusnachfolge durch ein konsequentes Leben gefordert. Auch solche Nachfolge wird zum Zeugnis für den Herrn werden. – *Stille*

Kyrie-Rufe

Herr Jesus Christus,
du Vorbild aller Märtyrer.
Du Kraft aller Leidenden.
Du Quelle des Lebens.

Tagesgebet

Starker Gott,
du hast den heiligen Paul Miki und seine Gefährten
mit Glaubenskraft und -treue
bis zum Tod am Kreuz ausgerüstet.
Hilf auch uns, alle unsere Tage
dem gekreuzigten Herrn Jesus Christus
in Liebe und aufrechtem Bekenntnis nachzufolgen,
ihm, der in der Einheit des Heiligen Geistes
mit dir lebt und Herr ist in Ewigkeit.

Fürbitten

Durch Gottes Gnade sind die Heiligen im Himmelreich vollendet. Wir wollen für uns und alle Lebenden um den Beistand des Herrn beten:

- Für die Christen in Asien: Stärke ihren Glauben und hilf ihnen, aus deinem Geist zu leben.
- Für jene, die heute ihres Glaubens wegen verfolgt werden: Steh ihnen in ihrer Not bei.
- Für die jungen Menschen in unserem Land: Begleite sie bei ihrer Suche nach Grundhaltungen, die ihrem Leben Sinn verleihen.
- Für alle Leidenden: Lass sie aus dem Blick auf dein Leiden Kraft und Zuversicht schöpfen.

Guter Gott, unser Vater, du willst auch unser Leben einmal in deinem Reich vollenden. Dir sei Dank und Ehre in Ewigkeit.

Besinnung nach der Kommunion

Der 14jährige Thomas Osaki, der mit seinem Vater zusammen gekreuzigt wurde, schrieb an seine Mutter:

»Das Leben der Menschen gleicht einem Licht im Winde.
Ertrage deshalb in Geduld Leid und Schmach.
Sehne dich nicht nach vergänglichem Glück
und vergiss nicht den Weg zum Himmel.
Gib meine Brüder nicht in die Hände der Glaubenslosen,
sondern erzieh' sie selbst mit aller Sorgfalt.
Das ist meine und meines Vaters letzte Bitte.
Mutter, sei glücklich!«

Schlussgebet

Herr, unser Gott,
du lässt uns im Sterben der Märtyrer von Nagasaki
das Geheimnis des Kreuzes erkennen:
Die Kraft des gekreuzigten Christus
hilft Angst überwinden und erneuert das Leben.
Stärke auch uns,
dass wir uns in der Nachfolge deines Sohnes bewähren
durch ihn, Christus, unseren Herrn.

Hl. Hieronymus Ämiliani Ordensgründer, g

L: Tob 12,6-13; Ev: Mk 10,17-30 oder *Mk 10,17-27*

Einführung

Ein draufgängerischer und ungestümer junger Venezianer geht zu den Soldaten, macht dort Karriere, gerät in Kriegsgefangenschaft, wird befreit, erlebt die Hungersnot im Jahr 1528 und gibt seinem Leben eine völlig neue Richtung. Von nun an will er nur noch für die Armen da sein. Er beginnt ein Büßerleben und gründet zusammen mit Gleichgesinnten eine Gemeinschaft, die sich der verwaisten und verwahrlosten Kinder sowie der Kranken annimmt. Er selbst stirbt bei der Pflege Pestkranker. Das ist ein kurzes Lebensbild des hl. Hieronymus Ämiliani. – So vermag Gott das Leben und die Ziele eines Menschen umzukehren. Er vermag es auch bei uns, wenn wir ihn an uns handeln lassen. – *Stille*

Kyrie-Rufe

Herr Jesus Christus,
du hast die Kinder zu dir gerufen.
Du hast dich der Leidenden und Kranken angenommen.
Du schenkst uns Sündern Vergebung.

Tagesgebet

Liebender Gott,
du hast den Waisenkindern
im heiligen Hieronymus Ämiliani einen Vater
und den Kranken einen Helfer gegeben.
Gib uns Augen für die Not der Mitmenschen
und die Bereitschaft, ihnen zu helfen
durch Jesus Christus.

Fürbitten

Zu Jesus Christus, der uns in seinen Dienst nehmen will, lasst uns beten:

- Schenke allen einsamen und verwahrlosten Kindern gute Freunde und Menschen, bei denen sie Geborgenheit finden.
- Wecke in jungen Menschen die Bereitschaft, Kranke zu pflegen und Sterbende zu begleiten.
- Gib den Menschen ein Gespür dafür, wie beglückend ein Leben sein kann, das sich liebend für andere hingibt.
- Lass uns, wenn wir vor Entscheidungen stehen, klar erkennen, zu welchen Aufgaben du uns rufen willst.

Gott, du bist unser aller Vater, du bist um jeden von uns besorgt. Dich wollen wir ehren in Ewigkeit.

Besinnung nach der Kommunion

Herr, du rufst uns zur Entscheidung für dich.
Aber wir sind unentschlossen,
wir hängen an anderen Schätzen,
von denen wir uns nicht trennen wollen.
Aber du hast Geduld, du rufst uns immer wieder.

Irgendwann müssen wir uns entscheiden
und wirklich die Wege einschlagen,
die du uns führen willst.
Denn irgendwann könnte es zu spät sein.

Herr, gib mir den Mut zum Wagnis,
mich wirklich auf dich einzulassen.

Schlussgebet

Allmächtiger Gott,
du hast den heiligen Hieronymus Ämiliani
zu Buße und Barmherzigkeit geführt.
Du hast uns im Sakrament mit Christus vereint.
Festige unsere Einheit mit ihm,
damit wir sein Werk auf Erden weiterführen
und dir und den Menschen dienen
durch ihn, Christus, unseren Herrn.

Hl. Scholastika Jungfrau, G

L: Hld 8,6-7; Ev: Lk 10,38-42

Einführung

Heute ehren wir die hl. Scholastika, Schwester des hl. Benedikt von Nursia. Nach dem Beispiel ihres Bruders war auch sie in Schriftlesung, Gebet und Betrachtung ganz auf der Suche nach der Nähe des Herrn und übernahm für ihre Lebensführung die Ordensregel Benedikts. Die Biographie von Papst Gregor dem Großen schreibt ihrem Gebet besondere Kraft zu. – Den Herrn zu suchen und ganz mit ihm verbunden zu leben, ist auch für uns ein großes Ziel auf dem Weg zur ewigen und vollkommenen Verbundenheit mit ihm in seinem Reich. – *Stille*

Kyrie-Rufe

Herr Jesus Christus,
deine Liebe will auch uns immer mehr ergreifen.
Du willst auch in unseren Herzen Gestalt annehmen.
Du willst auch uns durch deine Nähe glücklich machen.

Tagesgebet

Erhabener Gott,
am Gedenktag der heiligen Jungfrau Scholastika
bitten wir dich:
Lass auch unser Zusammensein
dem Hören deines Wortes
und dem Lobpreis deines Namens dienen,
damit wir dir näher kommen
und unser Leben zu einem Dienst für dich werde
durch Jesus Christus.

Fürbitten

Lasst uns zum allmächtigen und barmherzigen Gott beten:

- Lass den Dienst der Benediktinerinnen zum Segen für deine ganze Kirche werden.
- Schenke Freude und Lebenserfüllung allen Frauen, die sich und ihr Leben ganz in deinen Dienst gestellt haben.
- Gib den jungen Christen Wachsamkeit für deinen Anruf, wenn du sie im Inneren ansprichst.
- Hilf uns, unser Leben immer besser aus dem Hören auf dein Wort zu gestalten.

Denn von dir allein erwarten wir letztes Glück. Auf dich vertrauen wir heute und in Ewigkeit.

Besinnung nach der Kommunion

Die Nähe des Herrn zu finden,
mit ihm verbunden zu leben,
ist unsere letzte Sehnsucht.
Er lädt uns zu diesem heiligen Mahl,
uns sich selbst zu schenken
und unsere Sehnsucht zu stillen.
Er gibt uns seinen Geist,
der uns im Denken und Beten
mit ihm vereinen will
nicht nur in diesen Minuten,
sondern wo immer wir
arbeiten und leben.

Schlussgebet

Ewiger Gott,
du hast der heiligen Scholastika
glühende Liebe zu dir geschenkt.
Erneuere durch dieses Sakrament
auch unsere Gemeinschaft mit Christus,
damit wir in Liebe zu dir und den Menschen
unsere Lebensaufgabe erfüllen
und einst bei dir unser letztes Glück finden
durch Christus, unseren Herrn.

Gedenktag Unserer Lieben Frau in Lourdes g

L: Jes 66,10-14c; Ev: Joh 2,1-11

Einführung

Heute, am »Gedenktag Unserer Lieben Frau in Lourdes«, hören wir ein zentrales und wegweisendes Wort Marias an die Menschen. Mit dem Blick auf Jesus sagt sie: »Was er euch sagt, das tut« (Joh 2,5). Darin liegt auch der Sinn jeder Wallfahrt: Wir machen uns auf den Weg zum Herrn. Wir wollen dem Herrn begegnen und ihn wirklich unseren Herrn sein lassen. Dann werden wir auch tun wollen, was er uns sagt. Maria will uns auf diesen Weg führen. – Eben das wollen wir auch in dieser Stunde. Wir haben uns hierher auf den Weg gemacht, um nun dem Herrn zu begegnen und auf ihn zu hören. – *Stille*

Kyrie-Rufe

Herr Jesus Christus,
deine Speise war es, den Willen des Vaters zu tun.
Du gibst uns dein Wort als Weisung für unser Leben.
Du reichst uns dein Fleisch und Blut als Speise ewigen Lebens.

Tagesgebet

Barmherziger Gott,
in unseren Nöten und unserer Schwachheit
suchen wir bei dir Hilfe und Stärkung,
in unserer Unklarheit Weisung und Halt.
Wie du Maria vor der Erbschuld bewahrt hast,
so befreie auch uns durch die Wirkung der Taufe
von der Verfallenheit an die Sünde,
damit du allein mit Jesus Christus
in der Gemeinschaft des Heiligen Geistes
unser Gott und Herr bist in Ewigkeit.

Fürbitten

Mit Maria, unserer himmlischen Fürsprecherin, rufen wir zum Herrn:

- Für alle, die sich als Pilger auf den Weg nach Lourdes machen: Lass sie wohlbehalten und gestärkt wieder heimkommen.
- Für alle, die durch Maria um deine Hilfe bitten: Schenke allem rechten Gebet Erhörung.
- Für alle, die an Leib oder Seele von Leid bezeichnet sind: Lass sie in ihrem Beten Trost und Heilung erfahren.
- Für alle Menschen: Führe sie auf Wege des Friedens und des Glaubens.

Du, Gott, bist unsere Hoffnung, in dir ruht unsere Zuversicht. Dein ist alle Macht und Herrlichkeit in Ewigkeit.

Besinnung nach der Kommunion

»Was *er* euch sagt, das tut!« –
Wenn wir das nur immer wüssten,
wenn wir vor einer Entscheidung stehen,
in einer Krise, wenn wir ratlos sind.
Wo suchen wir überall Rat und Orientierung:
bei Menschen und ihren Meinungen,
oder wir gehen den Weg des geringsten Widerstands,
den Weg der Bequemlichkeit,
den Weg des Zeitgeistes und der Masse,
den Weg, auf dem wir nicht auffallen.
»Was *er* euch sagt, das tut!«
Bei ihm Rat und Orientierung suchen,
nach seinem Willen fragen,
das würde uns weiterhelfen.
Er ist der Weg, die Wahrheit und das Leben.
Er will uns den Weg zur Fülle des Lebens führen,
er kennt ihn, weiß, was für uns das Beste,
der richtige Weg ist.
Aber er kann uns nur zu unserem Glück führen,
wenn wir auf ihn hören und uns von ihm führen lassen.

(Aus: W. Eizinger, Auf dem Weg zu Gott – Maiandachten, Regensburg 1996, S. 51–52)

Schlussgebet

Barmherziger Gott,
am Gedenktag der seligen Jungfrau Maria
haben wir dein Wort gehört
und die Gaben der Erlösung empfangen.
Hilf, dass wir von Maria lernen,
auf deinen Sohn zu hören
und deine Macht und Größe zu preisen,
damit wir zusammen mit ihr
bei dir unsere Vollendung finden
durch Christus, unseren Herrn.

Hl. Cyrill Mönch, und **hl. Methodius** Bischof, Schutzpatrone Europas, F

L: Apg 13,46-49; Ev: Lk 10,1-9

Einführung

»Apostel der Slawen« werden sie genannt, die heiligen Brüder Cyrill und Methodius aus dem griechischen Thessalonike. Im 9. Jahrhundert haben sie als Missionare vor allem in Mähren und Ungarn gewirkt. Durch die Übersetzung ins Altslawische haben sie den Menschen spontanen Zugang zur Bibel und zu den liturgischen Texten geschaffen. Was uns erst durch das 2. Vatikanum ermöglicht wurde, haben diese heiligen Männer dank der klugen Zustimmung von Papst Hadrian II. in apostolischer Voraussicht damals schon geschaffen und so den Glauben bei den Slawen beheimatet. – Inkulturation des Evangeliums ist heute in der Mission selbstverständlich. Sie macht die Kirche reicher und lebendiger.

Kyrie-Rufe

Herr Jesus Christus,
du sendest Boten in alle Welt, den Völkern Kunde von dir zu bringen.
Du stillst die Sehnsucht der Menschen nach Wahrheit.
Du sollst gefeiert werden in unserer Mitte.

Tagesgebet

Gott, du Vater aller Völker,
du hast die heiligen Cyrill und Methodius
zu einem Licht für die slawischen Völker gemacht.
Hilf, dass auch wir dich und deine Wahrheit
bereitwillig in uns aufnehmen,
und sende uns Boten,
die dein Licht und deine Wahrheit
den Mensch in unserem Land aufs Neue bringen
durch Jesus Christus.

Fürbitten

Zu Gott, der alle Völker in seinem Reich vereinen will, lasst uns beten:

- Für die slawischen Völker, bei denen Glauben durch staatlich angeordnete Gottlosigkeit schwer gelitten hat: Lass den Glauben unter ihnen neue Wurzeln fassen und sich lebendig entfalten.
- Für alle, die sich um die Verbreitung des Glaubens mühen: Gib ihnen kluges Einfühlungsvermögen und Freiheit zur Verkündigung.
- Für alle, die heute liturgische Texte schaffen oder übersetzen: Erfülle sie mit Frömmigkeit, schöpferischem Geist und Gewissenhaftigkeit.
- Für die jungen und alten Menschen, die um ihren Glauben ringen: Schenke ihnen durch deinen Heiligen Geist Klarheit der Erkenntnis und Bereitschaft, sich ernsthaft auf dich einzulassen.

Heiliger Gott, du lässt uns Menschen nicht in Finsternis. Dir sei Ehre und Lobpreis durch Christus, unseren Herrn.

Besinnung nach der Kommunion

Herr, du sendest deine Jünger.
Nichts sollen sie mitnehmen;
nicht um sich selber sollen sie besorgt sein,
sondern um dich
und um die, zu denen du sie sendest.
Sie werden dann erfahren,
dass du selber für die sorgst,
die du sendest. –
Herr, auch wir sind gesandt,
gesandt in unsere Familien,
zu unseren Freunden und Kollegen,
und an unseren Arbeitsplatz,
Zeugnis zu geben für dich
in dieser Gemeinde.
Für uns willst du selber sorgen.
Du hast es jetzt getan,
bist unsere Speise geworden,
bist unser Halt und unsere Hoffnung. –
Lass es uns immer wissen, Herr,
und darauf vertrauen.
Bei dir lass uns einkehren,
bei dir zu Hause sein
und gestärkt hineintreten in die Welt,
um Heil zu vermitteln, wo Unheil ist.

Schlussgebet

Ewiger Gott,
du hast die Slawenapostel Cyrill und Methodius
zu kraftvollen Kündern und Zeugen des Glaubens gemacht.
Lass auch uns, gestärkt durch dieses Sakrament,
den Glauben treu bewahren
und allen weitergeben,
die sich für dich zu öffnen bereit sind,
durch Christus, unseren Herrn.

Die hll. Gründer des Servitenordens g

L: Röm 8,26-30; Ev: Mt 19,27-29

Einführung

In politisch unruhiger Zeit verließen im 13. Jahrhundert sieben Florentiner Kaufleute ihre Geschäfte und zogen sich in die Bergeinsamkeit zurück, um dort ein Leben nach dem Evangelium zu führen in Armut, Gebet und Nächstenliebe. Der von ihnen gegründete Orden wird Servitenorden genannt. Die Mitglieder widmen sich der Verkündigung, Wissenschaft und Sozialarbeit und verstehen sich als Diener Mariens, weil sie sich in ihrem Leben wie Maria ganz vom Geist und Willen Gottes leiten lassen wollen. – Auch wir sind gefordert, uns dem Geist Gottes zu öffnen und uns zeigen zu lassen, auf welche Weise wir dem Herrn dienen sollen. – *Stille*

Kyrie-Rufe

Herr Jesus Christus,
du hast denen, die dir nachfolgen, ewiges Leben verheißen.
In deinem Namen finden wir das Heil.
Vor dir wird sich jedes Knie beugen im Himmel und auf Erden.

Tagesgebet

Gütiger Gott,
du hast die heiligen Gründer des Servitenordens
in die Einsamkeit gerufen,
damit sie in Stille und Betrachtung erkennen,
welchen Aufgaben sie sich widmen sollten.
Öffne auch unser inneres Ohr für die Weisungen deines Geistes
und gib unserem Willen die Freiheit, ihnen zu folgen
durch Jesus Christus.

Fürbitten

Gott, den Dreifaltigen, der uns in seinen Dienst nehmen will, rufen wir an:

- Für die Mitglieder des Servitenordens: Zeige ihnen durch deinen Geist die Aufgaben, für die sie heute gebraucht werden, und erfülle ihren Wunsch, ganz dir zu dienen.

- Für *die* Menschen, die ganz in dieser Welt aufgehen und sich dem Zeitgeist anpassen: Rühre ihr Herz durch deinen Geist an und gib ihnen die Kraft, sich auf dein Wort einzulassen.
- Für alle, die dir in der Sorge für gestrandete Mitmenschen dienen: Erfülle ihr Herz mit Verständnis und Liebe und gib Klugheit ihren Entscheidungen.
- Für uns alle: Lass uns deinen Ruf vernehmen und gib uns den Geist, deine Pläne zu erkennen.

Gott, wie Maria wollen auch wir in deinem Dienst leben, denn du allein bist unser Herr heute und in Ewigkeit.

Besinnung nach der Kommunion

Gott, in mir herrscht Unrast.
Ich haste von Termin zu Termin,
bin eingedeckt mit Arbeit,
nehme tausend Informationen auf.
Ganz tief in mir aber herrscht Leere,
ich bin ausgebrannt, verbraucht.
Herr, lass mich zur Ruhe kommen,
lass mich Ruhe finden in dir.
Du kannst meine Leere füllen,
meine Sehnsucht stillen,
mir Wege zeigen, die zu gehen sich lohnt.
Führe mich durch deinen Geist.

Schlussgebet

Allmächtiger Gott,
die heiligen Gründer des Servitenordens
wollten ganz nach deinem Willen leben.
Du hast uns in diesem Sakrament
mit deinem Geist erfüllt.
Hilf uns, zu erkennen,
was der Geist uns sagt,
damit wir die Aufgaben annehmen,
die uns heute in der Nachfolge deines Sohnes gestellt sind,
durch ihn, Christus, unseren Herrn.

Hl. Petrus Damiani Bischof, Kirchenlehrer, g

L: 2 Tim 4,1-5; Ev: Joh 15,1-8

Einführung

Im 11. Jahrhundert schloss sich Petrus Damiani aus Ravenna den Benediktinern an, suchte die Einsamkeit und wurde Eremit und wortgewaltiger Bußprediger. Gegen seinen Willen zum Kardinalbischof ernannt, strebte er nach einer Verbindung von mönchischer Lebensweise und dem politischen Kampf um die Freiheit der Kirche. Er trug ein Idealbild der Kirche in sich; deshalb kämpfte er für eine Reform der Klöster und der Kirche an Haupt und Gliedern. Petrus war ein Mann, der in seinen Reden nicht schmeichelte und sich für das Evangelium aufrieb. – Beispielhaft ist sein Bemühen um stete Erneuerung des gelebten Glaubens in der Kirche, das für ihn in asketischer Zucht bei sich selbst begann. – *Stille*

Kyrie-Rufe

Herr Jesus Christus,
du bist der Eine, in dem wir alle verbunden sind.
Du willst uns reinigen, damit wir gute Frucht bringen.
Du willst, dass wir durch unser Leben den Vater verherrlichen.

Tagesgebet

Allmächtiger Gott,
du hast uns in Christus geheiligt
und zur Gemeinschaft deiner Kirche vereinigt.
Hilf uns,
damit wir nach dem Vorbild des heiligen Petrus Damiani
an unserer Heiligung arbeiten
und uns für deine Kirche einsetzen
durch Jesus Christus.

Fürbitten

Der Herr hat uns versprochen, dass wir nicht vergebens bitten, wenn wir in ihm bleiben. So wenden wir uns vertrauensvoll an ihn:

- Für deine Kirche: Bewahre sie vor Selbstzufriedenheit und treibe sie durch deinen Geist immer wieder zu Reformen an, durch die sie deiner Weisung ähnlicher wird.
- Für alle Bischöfe und Seelsorger: Lass sie nicht müde werden im Dienst für dein Volk und in der Vervollkommnung ihres eigenen Charakters.
- Für die Eltern und Religionslehrer: Schenke ihnen Freude am Glauben, damit sie den jungen Menschen in Tat und Wort den Weg zu dir weisen können.
- Für uns selber: Sei du unser inneres Licht, das uns Erkenntnis gibt und Mut, uns für dich und dein Reich einzusetzen.

Denn mit dir, Herr, wird unser Leben gelingen und für andere ein Licht sein. Dein Name sei gepriesen heute und in Ewigkeit.

Besinnung nach der Kommunion

Christus ist in uns,
und wir sind in ihm.
Das sind Worte,
wie sie nur aus Freundschaft und Liebe
gesprochen werden können.
Christus selbst hat so gesprochen.
Er hat uns jetzt wieder
solche freundschaftliche Begegnung geschenkt,
damit unsere Gemeinschaft mit ihm
erneuert und vertieft wird.
Wir brauchen das,
denn Freundschaft, die man nicht pflegt,
erkaltet und stirbt ab.

Schlussgebet

Herr, unser Gott,
du hast uns das Brot des Lebens gereicht
und uns mit deinem Wort belehrt.
Lass uns dankbar dafür sein
und wie der heilige Petrus Damiani
daraus leben durch Christus, unseren Herrn.

Kathedra Petri F

L: 1 Petr 5,1-4; Ev: Mt 16,13-19

Einführung

Das heutige Fest »Kathedra Petri« erinnert uns an die Übernahme des römischen Bischofsstuhls durch Petrus und damit an seine Berufung zum Lehr- und Hirtenamt in der Kirche. Wenn wir heute für den Nachfolger des Petrus, Papst N., beten, dann wollen wir daran denken, dass wir das Bild vom unerschütterlichen Felsen Petrus ergänzen müssen durch das Bild vom Schiff der Kirche, das gar nicht leicht durch das sturmgepeitschte Meer der Zeit zu steuern ist. – *Stille*

Kyrie-Rufe

Herr Jesus Christus,
du Sohn des lebendigen Gottes.
Du Messias der ganzen Menschheit.
Du guter Hirt deines Volkes.

Tagesgebet

Allmächtiger Gott,
du hast dem Apostel Petrus
die Sorge für deine Jünger übertragen.
Stärke seinen Nachfolger in unseren Tagen
und bewahre unseren Glauben vor aller Verwirrung
durch Jesus Christus.

Fürbitten

Wir wollen zu Christus beten, der Petrus und den anderen Jüngern sein Evangelium anvertraut hat:

- Erleuchte unseren Papst N., dass er deine liebende Sorge für die Menschen sichtbar macht und deine Wahrheit erkennt und unverkürzt lehrt.
- Steh allen, die am Lehramt in der Kirche teilhaben, bei, die Menschen alles zu lehren, was du geboten hast, und nur zu lehren, was du geboten hast.

- Gib allen, die am Hirtenamt in der Kirche teilhaben, ein einfühlsames Herz für die Menschen und ungeteilten Eifer, ihnen zu dienen.
- Bewahre in den Stürmen unserer Zeit die Einheit der katholischen Kirche und leite alle Christen auf dem Weg zur Einheit der Getauften nach deinem Willen.

Du, Herr, bist das Haupt deiner Kirche und ihr einziger wahrer Hirte.
Du bist unser Herr in Ewigkeit.

Besinnung nach der Kommunion

Lehrer sein für andere – wer traut sich das zu?
Hat nicht Jesus gesagt: Nur einer ist euer Lehrer?
Hirte sein für andere – wer will das wagen?
Hat nicht Jesus gesagt: Ich bin der gute Hirt?
Und doch hat er selbst die Jünger gesandt,
das Evangelium zu verkünden,
und Petrus beauftragt, seine Schafe zu weiden.
Jedes Amt in der Kirche wird nur so gut ausgeübt,
als der Amtsträger in seinem Handeln
auf den hört und schaut und von dem lernt,
der unser wahrer Lehrer und Hirte ist.

Schlussgebet

Herr, unser Gott,
dein Sohn hat uns
am Fest des heiligen Petrus
seinen Leib (und sein Blut) gereicht.
Hilf uns, dass wir, mit ihm vereint
und untereinander in der Kirche verbunden,
sein Wort treu bewahren
und füreinander Sorge tragen
durch ihn, Christus, unseren Herrn.

Hl. Polykarp Bischof, Märtyrer, G

L: Offb 2,8-11; Ev: Joh 15,18-21

Einführung

Der Gedenktag des hl. Polykarp führt uns in die Frühzeit des Christentums. Er war Schüler des Apostels Johannes und Bischof von Smyrna in Kleinasien. Dort stand er in so hohem Ansehen, dass man ihn den »Lehrer Asiens, den Vater der Christen, den Zerstörer der Götter« nannte. Im siebenundachtzigsten Lebensjahr wurde er ermordet, weil er nicht bereit war, auf Christus zu fluchen. – Auch wir bekennen Christus als unseren Herrn und Gott. Aber haben wir nicht manche Götter neben ihm? Manches, was uns so wichtig ist, dass wir uns dafür mehr Zeit nehmen als für Christus und seinen Dienst? – *Stille*

Kyrie-Rufe

Herr Jesus Christus,
du hast uns aus der Welt erwählt.
Dir gehört unsere Liebe und Treue.
Dir wollen wir dienen all unsere Tage.

Tagesgebet

Allmächtiger, ewiger Gott,
du gibst uns im heiligen Bischof Polykarp
das Beispiel eines aufrechten Christen.
Gib auch uns solche Liebe zu Christus
und Tapferkeit im Bekenntnis,
damit wir uns der Erlösung würdig erweisen
durch Jesus Christus.

Fürbitten

Wir wollen zu Christus, unserem Herrn beten:

- Für alle, die ein politisches Mandat ausüben: Stärke das Bewusstsein ihrer Verantwortung für alle Bürger, aber auch vor dir.

- Für alle, die benachteiligt oder verfolgt werden, weil sie sich zu dir bekennen: Stärke ihre Liebe und ihre Treue zu dir.
- Für alle, die nachdenken über ihr Leben und über dich: Stärke ihre Zuversicht und ihr Vertrauen.
- Für alle Christen auf der Erde: Stärke uns zum Bekenntnis der Wahrheit und zum Einsatz für den Frieden.

Du bist unser Herr, wir sind deine Diener, die auf dich vertrauen. Sei gepriesen in Ewigkeit.

Besinnung nach der Kommunion

»Der Knecht ist nicht größer als sein Herr« (Joh 15,20).
Aber der Knecht dient seinem Herrn,
und der Herr sorgt für seinen Knecht. –
Der Herr sorgt für uns.
Er gibt uns Nahrung für das Leben, das er selber ist,
das Leben, das den Tod nicht kennt.
Er selbst ist unsere Nahrung,
darum gehört uns Leben.

Schlussgebet

Herr, unser Gott,
du hast den heiligen Polykarp mit einem
liebenden und starken Geist ausgerüstet.
Du hast uns im Sakrament des Altares
mit Christus vereint.
Stärke uns,
alle Feigheit und Lauheit abzulegen
und ernsthaft zu leben, was wir zu glauben bekennen,
durch Christus, unseren Herrn.

Hl. Matthias Apostel, F

L: L: Apg 1,15-17.20ac-26; Ev: Joh 15,9-17

Einführung

In der Benediktinerabtei zu Trier werden die Reliquien des Apostels Matthias verehrt. Er soll in Judäa und Äthiopien das Evangelium verkündet und das Martyrium erlitten haben. Die Apostel hatten ihn anstelle des Judas Iskariot in das Zwölferkollegium aufgenommen. Denn das Werk des Herrn musste fortgeführt werden. – Das Werk des Herrn muss auch heute fortgeführt werden, und heute ist es uns anvertraut und aufgetragen. – *Stille*

Kyrie-Rufe

Herr Jesus Christus,
wir grüßen dich in unserer Mitte.
Wir preisen dich in unserer Mitte.
Wir feiern dich in unserer Mitte.

Tagesgebet

Gott, du kennst eines jeden Menschen Herz.
Du hast den heiligen Matthias erwählt,
in das Kollegium der Apostel berufen zu werden.
Wir bitten dich:
Lenke auch unsere Herzen zu dir,
damit wir deiner Erwählung würdig leben
durch Jesus Christus.

Fürbitten

Zu Christus, der zu jeder Zeit Menschen in seinen Dienst beruft, wollen wir beten:

- Für alle, die heute an der Auswahl von Bischofskandidaten mitwirken: Lenke ihre Entscheidungen durch deinen Geist.

- Für unsere Bischöfe, die die Last der Kirchenleitung zu tragen haben: Gib ihnen Kraft und Weisheit.
- Für alle, die in ihrem Beruf deinem Evangelium dienen: Schenke ihnen Eifer und Freude.
- Für alle, die an dich glauben: Erfülle sie durch ein Leben nach deinem Wort mit Glück und Frieden.

Denn du bist der wahre Hirte deines Volkes. Dir sei Dank und Lobpreis in Ewigkeit.

Besinnung nach der Kommunion

Seine Freundschaft hat uns der Herr geschenkt.
Freundschaft ist keine Einbahnstraße,
sie verlangt nach Gegenseitigkeit.
Und sie will ständig gepflegt werden,
wenn sie bestehen soll.
Zur Freundschaft braucht es ein beständiges Herz,
das nicht wankelmütig ist, sondern treu.
Um ein solches Herz wollen wir bitten.

Schlussgebet

Barmherziger Gott,
wir alle leben von deiner Liebe,
die du wie belebenden Regen
über uns ausgießt.
Schenke uns reichlich
die Gaben deiner Liebe,
damit wir mit dem heiligen Matthias und allen Aposteln
zu Tisch sitzen dürfen in deinem Reich
durch Christus, unseren Herrn.

Hl. Walburga Äbtissin, g

L: Offb 19,1.5-9a; Ev: Mt 25,1-13

Einführung

Die hl. Walburga war mit mehreren Verwandten im 8. Jahrhundert als Missionshelferin des hl. Bonifatius aus dem heutigen England nach Bayern gekommen. Sie leitete als Äbtissin das mittelfränkische Doppelkloster in Heidenheim. Gerühmt werden ihre Lehrbegabung in der Klosterschule und ihre starke Führungskraft bei den Nonnen und Mönchen. Als Beraterin und tatkräftige Helferin in vielen Nöten war sie beim Volk sehr beliebt. – Frauen, die ihre Kraft aus einer lebendigen und stetig gepflegten Verbindung mit Gott beziehen, braucht der Herr in seiner Kirche auch heute. Wollen wir um solche Frauen beten. – *Stille*

Kyrie-Rufe

Herr Jesus Christus,
du König der Welt.
Du Herrscher des Alls.
Du Lamm, das für uns geopfert wurde.

Tagesgebet

Barmherziger Gott,
aus tiefem Glauben und mit mütterlichem Herzen
hat die heilige Walburga dir und den Menschen gedient.
Schenke auch uns reine Ehrfurcht vor dir
und Güte zu allen Menschen
durch Jesus Christus.

Fürbitten

Wir wollen nun zu Gott, der uns zum Hochzeitsmahl des Lammes geladen hat, rufen:

- Sende in die Klöster Frauen, die durch Gebet und Arbeit den Menschen dienen und dich verherrlichen.

- Gib unseren Familien Mütter, die durch ihren lebendigen Glauben überzeugen und ansteckend wirken.
- Erwecke in deiner Kirche Frauen, die durch ihre Frömmigkeit und Tatkraft dein Reich unter uns wachsen lassen.
- Rüttle alle Christen aus ihrer Schlafmützigkeit, damit wir alle miteinander uns bereit machen, die Wiederkunft deines Sohnes wach und gerüstet zu erwarten.

Heiliger Gott, dir haben wir uns anvertraut. Dir sei alle Macht und Herrlichkeit in Ewigkeit.

Besinnung nach der Kommunion

Die Lampen können leuchten,
weil ihr Öl verbrennt,
Tropfen um Tropfen wird es zu Licht.
So können auch wir
für die Menschen nur leuchten,
wenn wir Brennstoff in uns haben.
Wir müssen Christus in uns haben,
Tropfen um Tropfen sein Wort aufnehmen,
Mal um Mal ihn empfangen im Sakrament,
denn er ist der Brennstoff,
der uns zum Leuchten bringt für die Menschen.

Schlussgebet

Ewiger Gott,
ohne dich ist nichts heil und in Ordnung,
denn heilig bist nur du.
Stoße uns an, nach deiner Maßgabe
unser Leben zu ordnen,
damit wir einmal der heiligen Walburga
nachfolgen in die Fülle des Lebens bei dir
durch Christus, unseren Herrn.

Hl. Kasimir g

L: Phil 3,8-14; Ev: Joh 15,9-17

Einführung

Im 15. Jahrhundert lebte der hl. Kasimir, polnischer Königssohn, der zum Verdruss seines Vaters kein großes Interesse an Herrschaftspositionen zeigte, obwohl er König von Polen und von Ungarn hätte werden können. Sein ganzes Streben galt seiner religiös-charakterlichen Vervollkommnung. Die Armen des Landes versammelte er im Hof des Palastes und reichte ihnen selber Speise und Almosen, er sorgte sich um Frieden für Volk und Kirche und hatte, um wie Jesus zu leben, Ehelosigkeit gelobt. Schon mit 25 Jahren starb Kasimir an Tuberkulose. Er ist der Patron Polens und Litauens. – Ein Thronfolger, der das Leben des armen Jesus von Nazaret vorzieht, ist ungewöhnlich. Schön wäre es, wenn sein Streben nach Vollkommenheit uns zur Gewohnheit werden könnte. – *Stille*

Kyrie-Rufe

Herr Jesus Christus,
du bist der Freund deiner Jünger.
Du lädst uns ein, nach Vollkommenheit zu streben.
Du bist das Maß aller Vollkommenheit.

Tagesgebet

Allmächtiger Gott,
Christus zu gewinnen
war das ganze Bemühen des heiligen Kasimir.
Schenke auch uns so große Liebe zu Christus,
dass wir unser Leben nach ihm ausrichten
und so Gerechtigkeit, Liebe und Frieden fördern
durch ihn, Jesus Christus.

Fürbitten

Zu unserem Freund und Lehrer Jesus Christus wollen wir beten:

- Für die Menschen in Polen und Litauen: dass sie in Gerechtigkeit und Frieden leben können und sich im Glauben bewähren.
- Für die Jugendlichen: dass du sie in den Gefahren für Leib und Seele behütest und dass sie dich als den Weg für ihr Leben annehmen.
- Für alle, die sich dem Dienst an Kranken widmen: dass sie die Patienten als Menschen zu verstehen suchen und sich auch auf ihre seelischen Nöte einlassen.
- Für alle, die sich der Armen bei uns und in der ganzen Welt annehmen: dass sie bei Rückschlägen nicht verzweifeln und genügend materielle Unterstützung für ihre Arbeit erhalten.

Du, Christus, bist das Ziel unseres Lebens, du bist unsere Hoffnung. Dich wollen wir ehren heute und in Ewigkeit.

Besinnung nach der Kommunion

Nicht, was wir in den Augen der Welt sind, zählt,
sondern nur, was wir in den Augen Gottes sind.
Darum wollen wir nicht uns selber suchen,
unsere Ehre und unser Ansehen, sondern Christus
und darauf bedacht sein,
dass er in uns wächst und erstarkt
als unser Meister und Freund.

Schlussgebet

Barmherziger Gott,
am Gedenktag des heiligen Kasimir
haben wir das Opfer Christi gefeiert
und seinen Leib (und sein Blut) empfangen.
Er sei uns Licht auf dunklen Wegen
und die Wahrheit, der wir folgen
durch ihn, Christus, unseren Herrn.

Hl. Fridolin von Säckingen Mönch, Glaubensbote, g

L: 1 Kor 1,18-25; Ev: Mt 9,35-38

Einführung

Der hl. Fridolin von Säckingen missionierte um 500 oder um 600 bei den Alemannen. Der Wandermönch aus Irland zog durch Gallien ins oberrheinische Gebiet und ließ sich nach Jahren in Säckingen nieder, wo er ein Doppelkloster mit Klosterschule errichtete. Nach außen hin führte er ein unstetes und auch gefahrvolles Leben, denn immer wieder fühlte er sich von Gott weitergerufen, das Evangelium zu verkünden. Bei all dieser Rastlosigkeit aber muss er innerlich ein gefestigter Mensch gewesen sein, der ganz in Gott und deshalb in sich selbst ruhte. – Wenn wir in Gott ruhen, können auch wir uns von ihm in Dienst nehmen lassen ohne Angst zu haben, uns zu verlieren oder etwas zu versäumen. – *Stille*

Kyrie-Rufe

Herr Jesus Christus,
du willst, dass wir dein Wort über unser Leben schreiben.
Du willst, dass wir das Kreuz annehmen, das du uns zumutest.
Du willst auch heute Arbeiter für die Ernte aussenden.

Tagesgebet

Herr, unser Gott,
du hast den heiligen Fridolin gesandt,
den Alemannen das Evangelium zu bringen
und den Glauben in ihnen zu verankern.
Gib deinem Volk auch heute
treue und selbstlose Glaubensboten
und treibe uns an,
für dein Reich zu arbeiten
durch Jesus Christus.

Fürbitten

Wir wollen zu Jesus Christus beten, der seine Botschaft und sein Werk in unsere Hände gelegt hat:

- Für die Missionare, die heute den Glauben in alle Welt tragen: Erhalte ihren Eifer für deine Sendung und schließe die Herzen der Menschen für dich auf.
- Für die Christen am Oberrhein: Bewahre sie in der Glaubenstreue des hl. Fridolin und ermutige sie, den Glauben an die junge Generation weiterzugeben.
- Für alle Seelsorger in unserer Heimat: Schenke ihnen in ihrem Dienst Freude und lass sie Früchte ihrer Arbeit sehen.
- Für uns selber: Mach uns hellhörig für deine Aufträge und gib uns Bereitschaft, dir zur Verfügung zu stehen.

Denn du bist der Hirte aller Menschen, um jeden einzelnen besorgt. Dir sei Lob und Dank in Ewigkeit.

Besinnung nach der Kommunion

Zu Zeugen in der Welt
hat der Herr uns alle bestellt.
Weil er selbst den Glauben in uns gezeugt hat,
tragen wir ihn im Herzen und im Geist.
Was er aber in uns gezeugt hat,
dürfen wir nicht dem Tod preisgeben.
Wenn der Glaube in uns lebt,
werden wir auch in anderen zeugen,
wovon wir erfüllt sind.

Schlussgebet

Ewiger Gott,
wir haben am Gedenktag des heiligen Fridolin
den Leib (und das Blut) deines Sohnes empfangen.
Schenke uns durch dieses Sakrament
Lebensmut und Glaubensfreude,
damit wir weitergeben,
womit du uns beschenkt hast
durch Christus, unseren Herrn.

Hl. Perpetua und hl. Felizitas Märtyrinnen, G

L: Röm 8,31b-39; Ev: Mt 10,34-39

Einführung

Von jugendlicher Glaubensfreude und Tapferkeit zeugen die aus dem 3. Jahrhundert erhaltenen Berichte vom Martyrium der beiden Frauen Perpetua und Felizitas. Sie bereiteten sich gerade erst auf die Taufe vor, als Kaiser Septimius Severus den Beitritt zum Christentum mit dem Tod bedrohte. Das konnte die beiden nicht von ihrer Begeisterung für Christus abbringen. In der Arena von Karthago wurden sie wilden Tieren zum Fraß vorgeworfen. Nachdem sie diese Marter überlebt hatten, wurden sie am 7. März 203 durch Dolchstiche ermordet. – Begeisterung für Christus und daraus folgende Tapferkeit täte auch uns gut. Vielleicht hatten wir sie und sie ist ermattet? Oder ist sie noch lebendig in uns? – *Stille*

Kyrie-Rufe

Herr Jesus Christus,
von deiner Liebe kann uns nicht scheiden, wenn wir in dir bleiben.
Du bist unsere Kraft und Stärke, wenn wir in dir bleiben.
Du bist unser Sieg und unsere Freude, wenn wir in dir bleiben.

Tagesgebet

Herr, unser Gott,
die heiligen Frauen Perpetua und Felizitas
haben dir auch im Angesicht des Todes die Treue gehalten
und für ihren Glauben Zeugnis abgelegt.
Stärke auch uns in den Stunden,
da unser Bekenntnis gefordert ist,
damit wir deine Liebe nicht verraten.
Darum bitten wir durch Jesus Christus.

Fürbitten

Zu Christus, der uns das Leben gewonnen hat, wollen wir beten:

- Für die Diktatoren unserer Zeit: Führe sie zu der Einsicht, dass man die Gewissensfreiheit der Menschen achten und respektieren muss.
- Für alle, die nur wegen ihrer Glaubensüberzeugung in Gefangenschaft sind: Gib ihnen deinen Beistand, den Geist der Tapferkeit.
- Für deine Kirche: Erwecke in ihr junge Menschen, die mit froher Begeisterung sich dir anschließen und dich verkünden.
- Für uns selber: Bewahre uns vor Gleichgültigkeit und schenke uns Kraft für den Weg deiner Nachfolge.

Gott, wir danken dir für das Zeugnis all derer, die uns durch ihren Glauben Mut machen. Dir sei der Ruhm und die Ehre in Ewigkeit.

Besinnung nach der Kommunion

Die Liebe besitzt eine Kraft,
die nicht zu bändigen ist.
Sie lässt dich über dich selbst hinauswachsen
in deinen Plänen und Taten.
Die Liebe befreit von der Furcht
und traut sich alles zu.
Die Liebe zu Gott
war die Kraft der Glaubenszeugen.
Ob sie auch unsere Kraft ist?

Schlussgebet

Gott, du allein bist der Heilige;
uns aber willst du heiligen
und für das Leben bei dir bereiten.
Wir bitten dich am Gedenktag
der heiligen Perpetua und Felizitas:
Stärke uns zu treuem Dienst
für dich und für die Menschen,
damit wir das Leben gewinnen
durch Christus, unseren Herrn.

Hl. Johannes von Gott Ordensgründer, g

L: 1 Joh 3,14-18; Ev: Mt 25,31-46 oder *Mt 25, 31-40*

Einführung

Wir begehen den Gedenktag des hl. Johannes von Gott. Wie kommt einer zu einem solchen Namen? Johannes wurde im Alter von acht Jahren entführt. Dem Dienstherrn konnte der Bub nur seinen Vornamen sagen. So nannte ihn dieser »Johannes von Gott«. Die nächsten Jahre arbeitete er als Hirte. – Hirte wurde er später vielen Kranken, deren Wunden er in Hospitälern verband. Das tragische Schicksal seiner Kindheit hat ihn nicht bitter gemacht. Er wusste, dass leidende Menschen solche brauchen, die ihnen barmherzig sind. Er fand Gleichgesinnte und gründete den Krankenpflegeorden der Barmherzigen Brüder. – Auch von unserer Barmherzigkeit wollen andere leben. Und wir selber haben Barmherzigkeit nötig, zumal von Gott. Deshalb rufen wir ihn um sein Erbarmen an:

Kyrie-Rufe

Herr Jesus Christus,
du gabst uns das Gebot der Liebe, dass wir uns einander annehmen. Wir aber nehmen uns vor allem unserer selbst an.
Du gabst uns das Gebot der Liebe, dass wir einander verzeihen. Wir aber beharren auf unserem Recht.
Du gabst uns das Gebot der Liebe, dass wir uns dir und einander schenken. Wir aber erwarten nur Geschenke für uns.

Tagesgebet

Barmherziger Gott,
du hast den heiligen Johannes
mit großer Liebe zu den Kranken und Leidenden beschenkt.
Gib auch uns ein Herz für alle, die leiden,
damit wir mit ihnen dein Reich erben
durch Jesus Christus.

Fürbitten

Zum barmherzigen Vater im Himmel wollen wir rufen:

- Bekehre all die Menschen, die ihre Mitmenschen nur für ihre eigenen Ziele arbeiten lassen.
- Hilf allen Leidenden durch Menschen, die ihnen Barmherzigkeit erweisen.
- Rühre die Herzen der Harten an, damit sie ihren Mitmenschen vergeben.
- Gib uns ein Herz, das sich der anderen erbarmt, auch wenn es uns Überwindung kostet.

Denn von deiner Barmherzigkeit leben wir alle Tag für Tag. Dafür sei dir Dank und Lob von Tag zu Tag und in Ewigkeit.

Besinnung nach der Kommunion

Wenn wir Menschen begegnen, bedeutet das oft,
dass wir über sie urteilen;
dem Urteil folgt schnell eine Verurteilung.
Wenn uns der Herr begegnet,
kommt er nicht, um über uns zu urteilen,
denn er kennt uns durch und durch.
Er kommt, um uns zu richten und aufzurichten,
uns recht zu machen, in Ordnung zu bringen.
Und wir können gehen, um andere aufzurichten.

Schlussgebet

Gütiger Gott,
am Gedenktag des heiligen Johannes
haben wir das Brot des Lebens empfangen.
Lass uns durch die Gemeinschaft mit Christus
in der Liebe zu dir und den Menschen wachsen
durch ihn, Christus, unseren Herrn.

Hl. Bruno von Querfurt

Bischof, Glaubensbote, Märtyrer, g

L: Röm 8, 31b-39; Ev: Joh 15, 9-17

Einführung

»Ihr seid meine Freunde, wenn ihr tut, was ich euch auftrage«, ruft uns der Herr heute im Evangelium zu (Joh 15,14). Der Auftrag des Herrn und unser Dienst kann sehr unterschiedlich ausfallen, denn jeder hat andere Gaben und Fähigkeiten, jeder muss die seinen dafür einsetzen. – Bruno von Querfurt, der Heilige des heutigen Tages, lebte vor etwa 1000 Jahren. Er sah den Auftrag Jesu an ihn darin, den Menschen die befreiende Botschaft des christlichen Glaubens zu verkünden. Dieser Dienst führte ihn zu slawischen Völkern, zu den Ungarn und schließlich zu den Preußen. Dort wurde er gefangengenommen und enthauptet. – Wir wollen uns in Stille besinnen, worin unser Dienst an den Menschen bestehen kann, wenn wir unsere Talente recht einsetzen, worin unser Dienst am heutigen Tag bestehen kann. – *Stille*

Kyrie-Rufe

Herr Jesus Christus,
du willst, dass wir in deiner Liebe bleiben.
Du hast deine Liebe bis in den Tod bewiesen.
Du hast uns Liebe zueinander aufgetragen.

Tagesgebet

Herr, unser Gott,
der heilige Bruno hat sein Leben
für die Verkündigung des Evangeliums eingesetzt.
Hilf uns, den Glauben zu bewahren,
der uns geschenkt worden ist,
und ihn weiterzugeben,
so gut wir können,
durch Jesus Christus.

Fürbitten

Zu Christus, der uns die Verkündigung des Evangeliums übertragen hat, rufen wir:

- Für die Regierenden: Gib ihnen die Erkenntnis, dass deine Weisheit alle Menschenweisheit übersteigt.
- Für alle Menschen: Öffne ihren Sinn für dich und deine Botschaft.
- Für die Missionare: Erfülle sie mit deinem Geist und deiner Kraft.
- Für uns selbst: Festige unsere Bereitschaft, dich und den Glauben in unserer Umgebung aufrichtig zu bezeugen.

Du, Herr, hast als Diener aller gelebt; du dienst uns heute noch im Heiligen Geist. Dir sei Ruhm und Preis!

Besinnung nach der Kommunion

Unsere tägliche Last ist uns nicht immer leicht;
der Herr nimmt nicht alle Last von uns, aber er hilft sie uns tragen.
Nicht mehr als wir zu tragen vermögen, verlangt er von uns.
Und wenn wir anderen ein Stück ihrer Last abnehmen können,
ist es der Herr, der uns beide trägt.

Schlussgebet

Allmächtiger Gott,
dein Sohn hat uns dieses Sakrament geschenkt,
um mit seiner Freundschaft bei uns zu sein.
Hilf uns, ihm seine Liebe zu erwidern
und einst auf ewig mit ihm verbunden zu sein,
durch ihn, Christus, unseren Herrn.

Hl. Franziska von Rom Witwe, Ordensgründerin, g

L: Spr 31,10-13.19-20.30-31; Ev: Mt 22,34-40

Einführung

Die hl. Franziska von Rom war eine außergewöhnliche Frau. Wer ihr begegnete, meinte der personifizierten Liebe zu begegnen. Dieses Glück wurde zunächst ihrem Mann und ihren drei Kindern geschenkt. Aber auch nach dem Tod ihres Mannes und ihrer Kinder wollte sie für andere da sein. So trat sie 1436 in den von ihr selbst gegründeten Orden der Oblatengemeinschaft ein, um zusammen mit anderen Frauen für Arme zu sorgen und Kranke zu pflegen. Der Ruf ihres hingebungsvollen Lebens war so groß, dass noch im Jahr ihres Todes 1440 der Heiligsprechungsprozess eingeleitet wurde. – Auch uns lädt der Herr ein, in der Hingabe an Gott und an die Menschen zu leben. Ob wir wach genug sind, die Gelegenheiten dafür zu erkennen? – *Stille*

Kyrie-Rufe

Herr Jesus Christus,
du willst uns durch deine Predigt auf einen neuen Weg führen.
Du hast uns ermahnt, Gott und die Menschen zu lieben.
Du lädst uns an deinen Tisch und in deine Gemeinschaft.

Tagesgebet

Gütiger Gott,
die heilige Franziska hat uns
als Ehefrau und Mutter wie auch als Ordensfrau
ein Beispiel christlichen Lebens gegeben.
Steh uns bei, in unseren Aufgaben und Lebensvollzügen
auf deinen Sohn zu schauen und von ihm zu lernen.
So bitten wir durch ihn, Jesus Christus.

Fürbitten

Zu Christus, in dem Gottes Liebe Mensch geworden ist, lasst uns beten:

- Für die Eheleute: Bewahre ihnen die gegenseitige Liebe und Opferbereitschaft.
- Für alle, die Ehepartner oder Kinder verloren haben: Befähige sie, ihre Liebesfähigkeit zu erhalten und zeige ihnen neue Aufgaben.
- Für die Ordensleute im Dienst an Armen und Kranken: Erhalte ihre Liebe zu den Menschen, damit sie im Dienst an anderen Erfüllung finden und Segen vermitteln.
- Für uns selber: Nimm dich unserer Sorgen und Nöte an und mach uns frei, für andere da zu sein.

Guter Gott, von deinen Geschenken leben wir alle. Du bist unser Halt und unsere Hoffnung heute und in Ewigkeit.

Besinnung nach der Kommunion

Der Weg des Herrn war der Weg der Liebe.
Er ging ihn mitten unter den Menschen,
gemeinsam mit seinen Freunden.
Auch wir leben inmitten der Menschen.
Aber ist unser Weg der Weg der Liebe?
Stehen wir uns dabei nicht selber im Weg
mit unseren Vorbehalten gegenüber anderen,
mit unserer Angst vor den anderen,
mit unserer Besorgtheit um uns selber? –
Herr, mach uns frei von Angst und Vorurteil,
mach uns frei von uns selbst,
damit wir dir auf dem Weg der Liebe folgen können.

Schlussgebet

Allmächtiger, ewiger Gott,
am Gedenktag der heiligen Franziska
hast du uns das Brot der Unsterblichkeit geschenkt.
Stärke uns, damit auch wir von Christus lieben lernen
und deinen Namen in Ewigkeit preisen
durch ihn, Christus, unseren Herrn.

Hl. Mathilde Königin, g

L: Spr 16,1-12; Ev: Mt 5,21-24

Einführung

Zur Versöhnung mahnt uns heute Jesus im Evangelium. Die hl. Mathilde, im 10. Jahrhundert als Gemahlin Heinrichs I. deutsche Königin, war im Streit ihrer Söhne um die Thronfolge eine Friedensstifterin. So hielt sie großes Unheil von ihrer Familie und dem Volk ab. Sie stiftete mehrere Klöster, das Volk schätzte sie wegen ihrer Barmherzigkeit gegenüber Armen und Kranken. Das Familienleben erfüllte sie mit Glaubensgeist und Gebet. Sie wurde im Gedenken des Volkes, nicht vom Papst, heiliggesprochen. Die Menschen spürten: Das war eine Frau, die uns Vorbild sein kann. – *Stille*

Kyrie-Rufe

Herr Jesus Christus,
du mahnst uns zu Versöhnung und Frieden.
Du vergibst dem, der anderen vergeben hat.
Du hast Böses mit Gutem vergolten.

Tagesgebet

Barmherziger Gott,
die heilige Königin Mathilde
hat Streitende versöhnt und Notleidenden geholfen.
Schenke uns Güte zu allen Menschen
und ein friedfertiges Herz
im Umgang mit uns selbst und mit anderen
durch Jesus Christus.

Fürbitten

Wir bitten Gott um seine Hilfe für uns und alle Menschen:
- Für alle, die sich in sozialen Diensten ihrer Mitmenschen annehmen: Gib ihnen Geduld und täglich neue Kraft für ihre Aufgaben.

- Für die Priester und Bischöfe der Kirche: Gib ihnen Heiligen Geist, damit sie zwischen streitenden Parteien vermitteln und Frieden stiften können.
- Für die Mütter und Väter: Stärke sie im Glauben, damit sie Glauben in ihren Kindern zu wecken und zu fördern.
- Für uns selber: Hilf uns, unsere Aufgaben zu erkennen, unseren Nächsten beizustehen und dir aufrichtig zu dienen.

Dir, Vater, sei Lob und Dank im Heiligen Geist durch Christus, unseren Herrn.

Besinnung nach der Kommunion

Wir beklagen Kriege und Terror in der Welt –
und wir können es nicht ändern.
Wir bedauern unsere Ohnmacht.
Aber in unserer kleinen Welt,
in den Gemeinschaften, in denen wir leben,
um täglichen Umgang mit den Menschen,
da sind wir gefordert,
da muss sich zeigen,
ob wir Frieden im Herzen tragen
und Frieden zu den Menschen bringen.

Schlussgebet

Allmächtiger Gott,
wir haben das Brot des Lebens empfangen,
den Leib unsres Herrn Jesus Christus.
Erfülle uns mit seinem Geist und seiner Kraft,
damit wir erstreben, was dir gefällt,
durch Christus, unseren Herrn.

Hl. Klemens Maria Hofbauer Ordenspriester, g

L: 1 Kor 4,9-14; Ev: Lk 12,32-34

Einführung

Der hl. Klemens Maria Hofbauer, ein Bäcker aus Mähren, wurde erst spät Priester und trat als erster Deutscher in den Redemptoristenorden ein. Von Napoleon aus Warschau vertrieben, fand er in Wien sein Aufgabenfeld als Großstadtseelsorger. Da gab es viele, die nicht zur Kirche und zum Pfarrer kommen konnten oder wollten. Also meinte er, dann müsse der Priester eben zu ihnen gehen und »erfand« den Hausbesuch als neue Seelsorgsmethode. Vor allem die Kranken und Bedürftigen lagen ihm am Herzen. Sein Ruf als Prediger machte schnell die Runde. Er nahm kein Blatt vor den Mund. Die Folge war, dass er im Auftrag der Regierung bespitzelt wurde. Doch Hofbauer blieb aufrecht und unerschrocken. Er konnte das Pauluswort für sich in Anspruch nehmen: »Wir werden verfolgt und halten stand« (1 Kor 4,12b).

Kyrie-Rufe

Herr Jesus Christus,
du hast uns das Reich des Vaters verheißen.
Du hast uns die Sorge um die Armen ans Herz gelegt.
Du mahnst uns, Schätze für das Himmelreich zu sammeln.

Tagesgebet

Gütiger Gott,
du sorgst dich um dein Volk.
Deshalb erfüllst du immer wieder
Menschen wie den heiligen Klemens Maria Hofbauer
mit Liebe und Hingabe für die Menschen.
Gib der Kirche auch heute Seelsorger,
die nicht müde werden,
dein Wort zu verkünden
und sich der Menschen anzunehmen.
So bitten wir durch Jesus Christus.

Fürbitten

Zu Jesus Christus, der ohne Furcht Gottes Wort verkündet hat und sich um jeden Menschen sorgt, wollen wir beten:

- Für die Regierenden: dass sie die Christen als Helfer und Mahner für soziale Gerechtigkeit zu schätzen wissen.
- Für deine Kirche: dass sie unbehindert dein Wort verkünden und für das Heil der Menschen wirken kann.
- Für alle, die mit Sorgen und Leid zu kämpfen haben: dass sie in den Seelsorgern der Kirche und in uns allen verständnisvolle und helfende Menschen finden.
- Für uns selber: dass wir uns in rechter Weise um die Güter dieser Welt sorgen, unser Herz aber nicht daran hängen.

Ewiger Gott, deine Liebe zu uns kennt keine Grenzen. Dir sei Dank und Lobpreis in Ewigkeit.

Besinnung nach der Kommunion

Nicht, was die Menschen von uns halten, zählt,
sondern wie Gott über uns denkt.
Er aber liebt uns mit allen Fasern seines Herzens.
Und weil er jeden von uns liebt,
will er, dass wir uns einander annehmen.
Jeder soll seine Liebe
durch die Liebe der Brüder und Schwestern fühlen.
Die Liebe Christi, die wir erkannt
und in diesem Sakrament erfahren haben,
dürfen wir mitnehmen in die Welt
und jedem weiterschenken,
der sie benötigt.
Wer aber hätte sie nicht nötig?

Schlussgebet

Allmächtiger Gott,
du allein bist der Heilige, du allein der Herr.
Hilf uns nach dem Vorbild des heiligen Klemens Maria Hofbauer,
dass wir dich den Herrn unseres Lebens sein lassen
und deine Güte zu den Menschen tragen
durch Christus, unseren Herrn.

Hl. Gertrud von Nivelles Äbtissin, g

L: 1 Kor 1,26-31; Ev: Joh 15,7-11

Einführung

Das Leben des hl. Gertrud von Nivelles, der Tochter Pippins d. Ä. und Äbtissin des Klosters von Nivelles in Belgien, war von zwei Schwerpunkten geprägt. Im weiten Umfeld ihres Klosters war sie geschätzt als zuverlässige Helferin der Armen, Fremde nahm sie gastfreundlich auf, ihr persönliches Leben füllte sie aus mit dem Studium der Hl. Schrift, um ganz eins zu sein mit Christus. – Diese treue Verlässlichkeit sowohl für die Menschen wie auch für den Herrn soll auch unser Bestreben sein. – *Stille*

Kyrie-Rufe

Herr Jesus Christus,
du gabst uns ein Beispiel in der Sorge für die Armen und Schwachen.
Du bist uns Vorbild im Leben nach dem Willen des Vaters.
Du ermunterst uns, in deiner Liebe Geborgenheit zu suchen.

Tagesgebet

Gott, unser Vater,
die heilige Gertrud war erfüllt von dem Wunsch,
dein Wort und deine Weisung recht zu verstehen,
um ganz danach zu leben.
Gib auch uns den Geist der rechten Erkenntnis
und den Willen, in Einheit mit dir zu leben
durch Jesus Christus.

Fürbitten

Wir beten zu Gott, dessen Heiligkeit auch in schwachen Menschen sichtbar werden kann:

- Für die Ordensfrauen: Segne ihren Dienst vor dir und für die Menschen.

- Für die Reisenden: Schütze sie auf den Wegen in dieser Welt.
- Für die anonymen Armen: Lass ihnen Wohlwollen und Hilfe zuteil werden.
- Für uns selber: Schenke uns deine Nähe und erhalte unsere Liebe zu den Menschen.

Bei dir, Gott, sind wir alle geborgen. Dir sei Lob und Dank und Ehre in Ewigkeit.

Besinnung nach der Kommunion

Wir haben das Gedächtnis
des neuen und ewigen Bundes begangen.
Personale Gemeinschaft und Treue
sind Kennzeichen eines Bundes.
Der Herr macht damit ernst,
indem er mit uns Mahlgemeinschaft hält
und dabei selbst unsere Speise wird.
Unsere Verantwortung für diesen Bund
drückt sich darin aus,
dass wir seine Treue erwidern
und in persönlicher Verbindung mit ihm leben.

Schlussgebet

Heiliger Gott,
wir danken dir für die neue Kraft,
die du uns im Sakrament geschenkt hast.
Lehre uns, wie die heilige Gertrud
in allen Menschen unsere Brüder und Schwestern zu erkennen
und für sie da zu sein
durch Christus, unseren Herrn.

Hl. Patrick Bischof, Glaubensbote, g

L: 1 Petr 4,7b-11; Ev: Lk 5,1-11

Einführung

Der hl. Patrick zählt zu den großen Christen Europas. Der Patron Irlands wurde im römisch besetzten Britannien geboren, als Jugendlicher von Piraten nach Irland verschleppt und in die Sklaverei verkauft. Nach sechs Jahren gelang ihm die Flucht in seine Heimat. Als Mönch und Missionar kehrte er später nach Irland zurück und wurde dort Bischof. Ihm gelang die Christianisierung der gesamten Inselbevölkerung und die Organisation der irischen Kirche. Auch unsere Heimat verdankt ihm viel. Denn im 6. bis 8. Jahrhundert waren es immer wieder Missionare aus Irland, die den christlichen Glauben auf dem Festland verkündeten und festigten. – Wir wollen Gott bitten, dass er seiner Kirche Menschen schenkt, die heute den Glauben überzeugend verkünden und festigen.

Kyrie-Rufe

Herr Jesus Christus,
wir haben den Sinn verloren für die Größe und Bedeutung deiner Botschaft.
Wir waren feige, wenn es galt, Für Gerechtigkeit und Wahrheit einzutreten.
Wir waren nur um unser kleines Ich besorgt und haben an deiner Sendung vorbeigelebt.

Tagesgebet

Ewiger Gott,
in deiner Kraft hat der heilige Patrick
den Bewohnern Irlands
die Botschaft der Erlösung gebracht
und ihre Herzen für den Glauben aufgeschlossen.
Schenke uns neue Begeisterung für dich,
damit wir wahrhaft als Jünger deines Sohnes leben,
der in der Einheit des Heiligen Geistes
mit dir lebt und Herr ist in Ewigkeit.

Fürbitten

Zu Gott, der uns seine Welt und alle Menschen anvertraut hat, wollen wir beten:

- Für die Christen auf der irischen Insel: um Gerechtigkeit und Frieden zwischen den katholischen und protestantischen Bevölkerungsteilen.
- Für die Kirche Irlands: um Festigkeit und Treue im Glauben.
- Für die Glaubensboten in aller Welt: um Überzeugungskraft, um Liebe zu den Menschen und Achtung vor ihrer Kultur.
- Für die Kirche in unserem Land: um stete Erneuerung des Glaubens, der Hoffnung und der Liebe.

Heiliger Gott, du bist mit deiner Liebe in unserer Mitte. Dich wollen wir loben und preisen in Ewigkeit.

Besinnung nach der Kommunion

Wer Gutes erfahren hat,
wem Liebe geschenkt wurde,
wird dafür dankbar sein
und den Gebenden rühmen.
Darum können wir nicht anders
als Gott danken und rühmen
und von ihm erzählen,
damit noch viele andere
von ihm erfahren
und durch ihn glücklich werden.

Schlussgebet

Herr und Gott,
lass deine Liebe, die du uns immer schon schenkst
und die du uns im Sakrament erneuert hast,
unser Leben durchwirken und unser Herz beflügeln,
damit wir wie der heilige Patrick
Zeugnis geben für dich
durch Christus, unseren Herrn.

Hl. Cyrill von Jerusalem Bischof, Kirchenlehrer, g

L: 1 Joh 5,1-5; Ev: Joh 15,1-8

Einführung

Der hl. Cyrill war im 4. Jahrhundert 28 Jahre lang Bischof von Jerusalem. Weil er den Glauben an die Gottheit Christi vehement verteidigte, wurde er von den Arianern, die am kaiserlichen Hof in Konstantinopel großen Einfluss hatten, dreimal in die Verbannung geschickt. Insgesamt verbrachte er 16 Jahre seiner Bischofszeit im Exil. Ein besonderes Anliegen war ihm auch die gründliche Glaubensunterweisung der Taufbewerber, die er wochenlang unterrichtete, ehe sie getauft wurden. – Wir bringen meistens schon die Kleinkinder zur Taufe. Umso größer ist unsere Verantwortung als Eltern und Erzieher, sie dann in die Lehre Jesu Christi einzuführen und ihnen die Bedeutung des Glaubens für ihr Leben zu erschließen. – *Stille*

Kyrie-Rufe

Herr Jesus Christus,
du Sohn des himmlischen Vaters.
Du wahrer Lehrer der Menschen.
Du Erlöser der Sünder.

Tagesgebet

Allmächtiger Gott,
der heilige Cyrill von Jerusalem
hat unter Schmähung und Verfolgung
die Gottheit Jesu Christi verteidigt.
Stärke auch unseren Glauben
und unsere Bereitschaft,
für ihn in der Öffentlichkeit einzutreten
durch Jesus Christus.

Fürbitten

Zu Gott, der die Kirche durch den Heiligen Geist in die Wahrheit einführt, wollen wir beten:

- Gib allen Lehrern des Glaubens die Fähigkeit, zwischen deinem Geist und ihren eigenen Ideen zu unterscheiden.
- Hilf allen Zweifelnden, durch deinen Geist zur Erkenntnis der Gottheit Jesu Christi zu finden.
- Stärke alle Getauften, die ihres Glaubens wegen gelästert und benachteiligt werden.
- Steh allen Erziehern und Religionslehrern bei, junge Menschen überzeugend zu unterweisen und zur Verinnerlichung des Glaubens zu führen.

Vater, in deinem Herzen ist unser Zuhause. Dir gilt aller Dank und alle Ehre in Ewigkeit.

Besinnung nach der Kommunion

In seinem Leib und seinem Blut
hat sich Christus uns verbündet.
So sind wir eins mit ihm
und haben in ihm Gemeinschaft untereinander.
Wenn wir den Gottesdienst beschlossen haben,
wird es gelten,
die Einheit mit dem Herrn
und unsere Gemeinschaft untereinander zu leben.

Schlussgebet

Guter Gott, unser Vater,
du hast uns Christus als Lehrer gegeben.
Hilf uns, dass wir nicht aufhören,
die Wahrheit zu suchen,
um sie wie der heilige Cyrill in Christus zu finden
und deine Größe immer tiefer zu verstehen
durch ihn, Christus, unseren Herrn.

Hl. Josef Bräutigam der Gottesmutter Maria, H

1. L: 2 Sam 7, 4-5a.12-14a.16; 2. L: Röm 4, 13.16-18.22;
Ev: Mt 1, 16.18-21.24a oder *Lk 2, 41-51a*

Einführung

Der hl. Josef wird uns im Evangelium als Mensch geschildert, der klare Pläne für sein Leben hat und sich auf die Ehe mit seiner Braut Maria vorbereitet. Doch Gott gibt ihm zu verstehen, dass *er* andere Pläne hat. Josef muss sich entscheiden. Er gibt Gott den Vorzug. Er stellt seine eigenen Wünsche zurück und orientiert sein Leben nach dem Willen Gottes. – So ist dieser Heilige ein Anfrage an uns: Bin ich bereit, meine Pläne, Wünsche und Ziele aufzugeben, wenn Gott mit mir anderes vorhat? – *Stille*

Kyrie-Rufe

Herr Jesus Christus,
du hast dein Leben ganz unter den Willen des himmlischen Vaters gestellt und den Menschen gedient.
Der heilige Josef hat *seine* Pläne aufgegeben, um Gott und den Menschen zu dienen, die ihm anvertraut wurden.
Du willst, dass wir unser Leben in den Dienst Gottes und der Menschen stellen.

Tagesgebet

Allmächtiger Gott,
du hast den heiligen Josef berufen,
für das irdische Leben deines Sohnes
und seiner Mutter Maria Sorge zu tragen.
Gib uns und allen Menschen die Kraft,
unsere Verantwortung für die uns Anvertrauten wahrzunehmen
und ihnen in Treue zu dienen
durch Jesus Christus.

Fürbitten

Wir wollen unsere Anliegen vor den Herrn bringen und ihn bitten:

- Für die Kirche, dass sie im Heiligen Geist erkennt, was du heute durch sie wirken willst, und ihr Handeln danach orientiert.
- Für *die* Menschen, die du zu einer besonderen Aufgabe erwählen willst, dass sie bereit sind, eigene Pläne aufzugeben und sich dir zu Verfügung zu stellen.
- Für alle, die auf die Fürsorge anderer angewiesen sind, dass sie nicht im Stich gelassen werden.
- Für uns selber, dass wir empfindsam dafür sind, was du von uns willst und mit uns vorhast.

Allmächtiger Gott und Vater, deine Pläne gehen oft über unser Begreifen hinaus, doch du bist in allem auf unser Wohl bedacht. Dir sei Ruhm und Ehre in Ewigkeit.

Besinnung nach der Kommunion

Unser Leben verläuft in gewohnten Bahnen
zwischen Pflichten und Entspannung,
Pläne für die Zukunft liegen bereit.
Wenn aber Gott eingreifen will?
Sind wir wach, um ihn zu hören,
bereit, unsere Pläne zu begraben
und umzudenken auf Gott hin,
damit seine Pläne unsere Pläne werden können?

Schlussgebet

Herr, unser Gott,
wir haben am Fest des heiligen Josef
das Brot des Lebens empfangen.
Lass uns nun Zeugnis geben für das Leben,
das nur du schenken kannst
durch Christus, unseren Herrn.

Hl. Turibio von Mongrovejo Bischof, g

L: 2 Tim 1,13-14; 2,1-3; Ev: Mt 9,35-38

Einführung

Der hl. Turibio, gebürtiger Spanier, war im 16. Jahrhundert Erzbischof von Lima in Peru und wird als Patron von Peru verehrt. Diese Verehrung gründet in seiner großen Sorge für die eingeborenen Indios, die weithin der Willkür der Kolonialmacht ausgeliefert waren. Er erlernte ihre Sprache und studierte ihre Kultur, um sie besser zu verstehen und einer der Ihren zu werden, und verlangte dies auch von den Priestern. Sein Verdienst liegt auch in der Erneuerung des religiösen und sittlichen Lebens. Auch Behinderungen durch Kleriker, Ordensleute und die Kolonialregierung konnten ihn in der Treue zu seiner Aufgabe und Zielsetzung nicht beirren. So ist es mit sein Verdienst, wenn der Glaube bei den Indios Wurzeln geschlagen hat.

Kyrie-Rufe

Herr Jesus Christus,
du hast den Glauben in uns begründet.
Du hast die Liebe in uns entfacht.
Du hast die Hoffnung in uns geweckt.

Tagesgebet

Barmherziger Gott,
du hast dich durch den heiligen Turibio
der Indios in Peru angenommen
und ihrem Glauben Wachstum geschenkt.
Schau auf die Glaubensnot unserer Zeit
und stärke unsere Glaubenskraft
durch Jesus Christus.

Fürbitten

Zu Christus, der uns aufgetragen hat, sein Evangelium in die Welt zu tragen, wollen wir beten:

- Für die Missionare und alle Seelsorger in Lateinamerika: dass sie der materiellen Not der Menschen begegnen und ihrem Glauben zuverlässig dienen können.
- Für die Menschen in Lateinamerika: dass Menschenwürde und Menschenrechte in allen Staaten Anerkennung und Schutz finden.
- Für die Christen in Lateinamerika: dass sie die Lebendigkeit ihres Glaubens bewahren und daraus Kraft und Freude erfahren können.
- Für die Kirche in unserem Land: dass die Begeisterung für dich auch bei uns Funken schlägt und unseren Glauben erneuert.

Sei gepriesen, Gott, Vater aller Menschen, denn dein ist die Herrlichkeit und die Macht in Ewigkeit.

Besinnung nach der Kommunion

In Jesus wurde Gott Mensch,
redete die Sprache der Menschen
und fühlte als Mensch mit den Menschen.
Wir müssen lernen, mit den Menschen zu fühlen,
wenn wir sie verstehen wollen.
Die Kirche muss lernen,
zu jeder Zeit neu in der Sprache der Menschen zu reden,
wenn sie verstanden werden will.

Schlussgebet

Barmherziger Gott,
du hast uns mit dem Leib (und Blut) Christi genährt.
Gib auch uns ein wenig von der Liebe unseres Herrn,
damit wir wie der heilige Turibio
den Menschen dienen
und Glauben zeugen können
durch Christus, unseren Herrn.

Verkündigung des Herrn H

1. L: Jes 7,10-14; 2. L: Hebr 10,4-10; Ev: Lk 1,26-38

Einführung

Mitten in der Fastenzeit weckt das Evangelium heute beinahe adventlich-weihnachtliche Gefühle in uns. Der Engel des Herrn verkündet Maria die Geburt Jesu. Wir stellen uns den fragenden Blick Marias vor, ihr Nichtverstehenkönnen. Und wir hören ihr Ja zum Willen Gottes auch gegen alle menschliche Einsicht. Dieses Ja zu Gott ist die Antwort des Menschen auf Gottes Ja zum Menschen. Denn mit der Ankündigung der Geburt Jesu spricht Gott sein unergründliches, aber endgültiges Ja zu uns Menschen. Die Konsequenz daraus werden wir am Karfreitag und an Ostern feiern: Gottes Ja zu uns geht den Weg über das Kreuz zur Auferstehung, und damit zu unserer Erlösung. Dankbar, betroffen und freudig dürfen wir dieses Glaubensgeheimnis nun feiern. – *Stille*

Kyrie-Rufe

Herr Jesus Christus,
du Gott von Gott und Licht vom Licht.
Du Sohn der Jungfrau Maria.
Du wahrer Mensch und wahrer Gott.

Tagesgebet *(Vgl. MB)*

Großer und unbegreiflicher Gott,
nach deinem Willen ist dein ewiges Wort
im Schoß der Jungfrau Maria Mensch geworden.
Wir glauben und bekennen,
dass er wahrer Gott und wahrer Mensch ist,
unser aller Erlöser.
Schenke uns Teilhabe an seinem göttlichen Leben
durch ihn, Jesus Christus.

Fürbitten

Mit Maria, der begnadeten Frau und Mutter unseres Herrn, rufen wir zu Gott:

- Für alle, die sich auf deinen Anruf eingelassen haben: dass sie sich deiner Führung anvertrauen und so ihre eigene Erfüllung finden.
- Für die Kirche: dass sie sich als deine Dienerin versteht und vor Selbstherrlichkeit bewahrt bleibt.
- Für alle Frauen, die ein Kind erwarten: dass sie sich auf ihr Kind freuen und es als dein Geschenk annehmen.
- Für alle, die durch ihren Glauben in Schwierigkeiten geraten: dass sie dir die Treue halten und deinen Beistand erfahren.

Heiliger unsterblicher Gott, du bist der Herr unseres Lebens und der ganzen Welt. Sei gepriesen in Ewigkeit.

Besinnung nach der Kommunion

Der Herr hat sich uns gegeben,
ist in unser Leben eingetreten,
um bei uns zu sein,
um mit uns zu gehen
als unser Freund und unsere Kraft.
Der Herr hat sich uns gegeben,
damit wir ihn in die Welt tragen
und den Menschen Friede bringen und Freude,
Versöhnung stiften und Hoffnung wecken,
Ahnung wachsen lassen von der Zukunft,
die er selbst alle bereiten will.

Schlussgebet *(Vgl. MB)*

Ewiger Gott,
bewahre du unseren Glauben,
den du uns geschenkt hast.
Lass uns feststehen im Bekenntnis zu deinem Sohn,
den die Jungfrau Maria empfangen hat,
und führe uns zur Freude der Auferstehung
durch Christus, unseren Herrn.

Hl. Liudger Bischof, g

L: 1 Thess 2,8-13; Ev: Lk 4,16-21

Einführung

Von Geburt Friese, erhielt der hl. Liudger seine Ausbildung zum Teil in England (Alkuin), also dort, woher die ersten Missionare nach Friesland gekommen waren. Nach der Priesterweihe 777 wirkte er als Missionar bei den Friesen und Sachsen, ehe er zum ersten Bischof der neuen Diözese Münster bestellt wurde. In der Legende wird er als ein Mann beschrieben, dessen Sorge neben der Errichtung von Kirchen, Klöstern und Schulen hauptsächlich den Armen seiner Diözese galt. Karl dem Großen gegenüber erklärte er, dass man Gott den Vorzug vor dem Kaiser geben müsse. Damit setzte er Maßstäbe, die sich am Evangelium orientieren und auch für uns heute wegweisend sind. Ob *wir* danach handeln: Sorge für Notleidende vor der Ausschmückung von Kirchen und Treue zu Gott statt fauler Kompromisse mit der Welt? – *Stille*

Kyrie-Rufe

Herr Jesus Christus,
du kamst vom Vater als Zeuge für die Wahrheit.
du kamst vom Vater als Licht für die Welt.
du kamst vom Vater als Heil aller Menschen.

Tagesgebet *(Vgl. MB)*

Allmächtiger Gott,
du hast den heiligen Liudger
als Glaubensboten zu den Friesen und Sachsen gesandt.
Gib auch uns Eifer für das Evangelium
und jene Zuversicht, mit der wir uns voll Vertrauen
in deinen Dienst stellen können,
durch Jesus Christus.

Fürbitten

Im Leben Jesu Christi sehen wir, wie sich Gott uns Menschen zuwendet. Wir wollen ihn bitten:

- Stärke die Christen im Bistum Münster zum Bekenntnis des Glaubens und zu einem Leben in deiner Nachfolge.
- Erleuchte die Bischöfe und Seelsorger in unserem Land, damit sie deine Wege erkennen, aufrecht auf ihnen gehen und deinem Volk rechtes Beispiel geben.
- Schau auf alle, die in Armut leben oder von Mächtigen in Gewissensnot gebracht werden, und gib ihnen Mut und Zuversicht.
- Gib uns allen ein aufrichtiges Herz und klaren Verstand, damit wir wahrnehmen, wo Unrecht geschieht und Hilfe nötig ist, und tatkräftig das Gute tun.

Guter Vater, deine Liebe umfängt uns, dein Erbarmen gibt uns nicht auf. Dir sei Ruhm und Lobpreis in Ewigkeit.

Besinnung nach der Kommunion

Was macht den Menschen groß,
was macht ihn wichtig?
Wenn er sich selbst wichtig nimmt
und groß machen will?
Wenn er Gott groß sein lässt
und ihn wichtiger nimmt als sich selbst?
Wenn ihm die Menschen neben sich wichtig sind
und er sie groß machen will?
Vom heiligen Liudger können wir lernen.

Schlussgebet *(Vgl. MB 198)*

Herr, unser Gott,
du hast uns am Gedenktag des heiligen Liudger
mit dem Leid und Blut Christi genährt.
Hilf uns, den Glauben, den er gelehrt hat,
zu bekennen und durch gute Werke zu bezeugen
durch Christus, unseren Herrn.

Hl. Franz von Paola Einsiedler, Ordensgründer, g

L: Phil 3,8-14; Ev: Lk 12, 32-34

Einführung

Der hl. Franz von Paola entschied sich mit 16 Jahren für das Einsiedlerleben in strengster Enthaltsamkeit. Sein Lebensbeispiel zog viele junge Männer an, die sich von ihm in das geistliche Leben einführen lassen wollten. Zusammen mit seinen Schülern gründete er den Orden der Minimen, die in Deutschland Paulaner genannt wurden. Die letzten 25 Lebensjahre verbrachte er als Berater des französischen Königshauses. Als den Sinn seines Lebens bezeichnete er es, so viel Gutes und Nützliches für die Menschen zu tun wie nur möglich. – Das ist ein Lebensmotto, das auch wir uns zu eigen machen dürfen, nach unseren Fähigkeiten und Möglichkeiten den Menschen zu helfen und zu dienen. Damit wären wir ganz in der Nachfolge Christi. – *Stille*

Kyrie-Rufe

Herr Jesus Christus,
du hast dich für uns hingegeben.
Du rufst uns, dir zu folgen.
Du willst, dass wir füreinander da sind.

Tagesgebet

Heiliger Gott,
du hast den heiligen Franz von Paola
mit solcher Liebe
zu dir und den Menschen erfüllt,
dass er eigene Bedürfnisse ganz zurückstellen konnte.
Schenke auch uns die nötige Demut
in der Nachfolge deines Sohnes Jesus Christus,
der in der Einheit des Heiligen Geistes
mit dir lebt und Herr ist in Ewigkeit.

Fürbitten

Zu Gott, der jedem von uns seine Gaben zuteilt, wollen wir beten:

- Hilf allen Menschen zu der Erkenntnis, dass irdische Güter die Sehnsucht der Seele nicht stillen können.
- Schenke den christlichen Einsiedlern unserer Tage die Erfüllung, die sie sich von dir erhoffen.
- Lass die jungen Christen die Wege und Aufgaben erkennen, zu denen du sie mit deinen Gaben ausgestattet hast.
- Gib uns allen jene Liebe und Dienstbereitschaft, die unsere Mitmenschen von uns brauchen.

Großer Gott, dein Erbarmen wollen wir preisen und für deine Liebe dir danken durch Christus, unseren Herrn.

Besinnung nach der Kommunion

Wir möchten gerne wissen,
was Gott uns sagen will,
was er von uns denkt,
welchen Weg er uns führen will.
Aber unsere Ohren können ihn nicht hören.
Gott spricht mit schweigender Stimme,
er spricht in unser Inneres.
Im Schweigen können wir ihn hören
in unserem Herzen, in unserem Geist.
So erfahren wir, was er von uns denkt
und wohin er uns führen will.

Schlussgebet

Allmächtiger Gott,
wir danken dir für die Stärkung,
die du uns im Sakrament geschenkt hast.
Schenke uns Freiheit
von der Bindung an das Irdische,
damit wir wie der heilige Franz von Paola
den Schatz suchen, den du uns anbietest
und der du selber für uns bist
durch Christus, unseren Herrn.

Hl. Isidor Bischof, Kirchenlehrer, g

L: 2 Kor 4,1-2.5-7; Ev: Lk 6,43-45

Einführung

Der hl. Isidor, Anfang des 7. Jahrhunderts Erzbischof von Sevilla, schrieb, derjenige sei kein Bischof, der das Amt ausübe, um eine Rolle zu spielen und nicht, um für die anderen nützlich zu sein. So war er ein unermüdlicher Arbeiter sowohl als Seelsorger wie auch als Wissenschaftler. – Auch wir müssen uns prüfen, ob wir dazu neigen, unsere Bedeutung herauszustellen und Beachtung zu finden, oder ob wir allein darauf schauen, für die anderen nützlich zu sein, wie wir es von Jesus Christus lernen. – *Stille*

Kyrie-Rufe

Herr Jesus Christus,
du willst, dass wir uns um die Menschen an unserem Lebensweg kümmern.
Du erwartest, dass wir uns für dich und dein Evangelium einsetzen.
Du mahnst uns, unser Ziel, das Himmelreich, nicht aus den Augen zu verlieren.

Tagesgebet *(Vgl. MB)*

Gott, du Quelle der Weisheit,
du hast deiner Kirche den heiligen Isidor
als geistlichen Lehrer gegeben.
Höre auf seine Fürbitte.
Schenke deiner Kirche auch in unseren Tagen
Treue zur Wahrheit des Evangeliums
und führe sie zur Einheit in deiner Liebe
durch Jesus Christus.

Fürbitten

Jesus Christus, den Herrn und Meister, wollen wir bitten:

- Erfülle alle, denen in deiner Kirche besondere Verantwortung übertragen ist, mit deinem Geist.
- Gib allen, die als Lehrer des Glaubens wirken wollen, die Fülle deines Geistes, aber auch Geduld und Phantasie.
- Bestärke junge Menschen bei ihrer Suche nach Sinn und Wahrheit für ihr Leben, damit sie schließlich dich entdecken.
- Nimm dich unser an, da wir in dem Bemühen, dir nachzufolgen, immer wieder schwach werden.

Dich, unseren Gott, wollen wir preisen und verherrlichen heute und in Ewigkeit.

Besinnung nach der Kommunion

»Wovon das Herz voll ist,
davon redet der Mund«,
sagt Jesus (Lk 6,45c).
Du bist jetzt in uns eingetreten,
willst uns erfüllen mit deinem Geist,
mit deiner Liebe, deiner Wahrheit.
Wir wollen dich aufnehmen
mit offenem Herzen,
damit unser Mund nie stumm wird,
von dir zu reden und dich zu rühmen.

Schlussgebet

Allmächtiger Gott,
im Brot des Lebens
haben wir Christus empfangen.
Wir bitten dich:
Er möge uns wie dem heiligen Isidor
alle Tage Lehrer der Wahrheit und der Liebe sein
und uns durch seinen Geist
in der Einheit mit dir bewahren
heute und in Ewigkeit.

Hl. Vinzenz Ferrer Ordenspriester, Bußprediger, g

L: 2 Tim 4,1-5; Ev: Lk 12, 35-40

Einführung

Der hl. Vinzenz Ferrer, spanischer Dominikaner im 14. und 15. Jahrhundert, wirkte in der Zeit der Gegenpäpste entschlossen für die Einheit der Kirche. sein großes Talent entfaltete er vor allem als Volksmissionar und Prediger. Mit seinen Worten vermochte er die Menschen ins Herz zu treffen und die Herzen für Gott zu öffnen. – Auch wir wollen uns für Gott öffnen, haben es vielleicht schon getan. Aber wir dürfen nie aufhören, uns von ihm in unserem Innersten anrühren zu lassen. – *Stille*

Kyrie-Rufe

Herr Jesus Christus,
du Herr aller Herren.
Du Weg zu unserem Heil.
Du Richter der Lebenden und der Toten.

Tagesgebet

Herr, unser Gott,
du hast den Menschen
durch die Predigt des heiligen Vinzenz Ferrer
Jesus Christus als den kommenden Richter
vor Augen gestellt.
Gib, dass wir unseren Sinn auf ihn richten,
damit wir bereit sind,
wenn er in Herrlichkeit wiederkommt,
der in der Einheit des Heiligen Geistes
mit dir lebt und Herr ist in Ewigkeit.

Fürbitten

Zu Christus, dem Herrn der Zeit und der Ewigkeit, lasst uns rufen:

- Schenke allen, die ihre verkehrten Wege bereuen und zu dir umkehren wollen, aufs Neue deine Gemeinschaft.
- Erwecke in deiner Kirche Prediger, die auch dein mahnendes Wort mit Liebe und Entschiedenheit in die Herzen der Menschen einpflanzen.
- Mach uns bereit und willig, dein Wort auch dann anzunehmen, wenn es uns unangenehm ist und Änderung unseres Lebens verlangt.
- Führe uns so durch das Leben, dass wir dir voll Zuversicht entgegengehen, wenn du wiederkommst in deiner Herrlichkeit.

Vater im Himmel, das Wissen um deine Liebe zu uns macht uns Mut. Dir sei Dank und Lobpreis in Ewigkeit.

Besinnung nach der Kommunion

Wir wollen bereit sein,
wenn der Herr am Ende der Tage kommt.
Er ist jetzt schon gekommen,
verborgen in Brot und Wein.
Er ist gekommen,
unsere Liebe zu erwidern
und stärker zu entfachen,
damit sie auch dann nicht erlischt,
wenn uns mancher das Lieben schwer macht,
damit wir sie hinaustragen
und andere damit anstecken.
So werden wir bereit sein für den Herrn,
wenn er wiederkommt.

Schlussgebet

Herr, unser Gott,
stärke uns in der Wahrheit,
damit wir durch Wort und Werk
den Glauben bezeugen,
den der heilige Vinzenz unermüdlich verkündet hat
durch Christus, unseren Herrn.

Hl. Johannes Baptist de la Salle

Priester, Ordensgründer, G

L: 2 Tim 1,13-14; 2,1-3; Ev: Mt 18,1-5

Einführung

Der hl. Johann Baptist de la Salle war ein Priester voller Glaubenskonsequenz und Tatkraft. Er sah die Bildungsnot der Kinder sozial schwacher Familien und gründete gegen kirchlichen Widerstand die ersten Schulen, in denen die Muttersprache und nicht das Lateinische die Unterrichtssprache war. Damit war allen Kindern der Zugang zur Bildung eröffnet. Er gab seine Stelle als Domkapitular in Reims auf, um dem Armutsideal des Evangeliums gerecht zu werden, und gründete die Genossenschaft der Schulbrüder, richtete Lehrerseminare ein und verbot in den Schulen seines Ordens die Prügelstrafe – und das im 17. Jahrhundert! Er ist der Vater der französischen Volks-, Real- und Berufsschulen, ein Mann, der seine ganze Kraft und Liebe den Kindern und Jugendlichen gewidmet hat.

Kyrie-Rufe

Herr Jesus Christus,
du hast die Kinder zu dir gerufen.
Du hast uns die Sorge für die jungen Menschen anvertraut.
Deine Liebe ist uns Mahnung für den Umgang mit allen Menschen.

Tagesgebet *(Vgl. MB)*

Vater im Himmel,
du hast dem heiligen Johannes Baptist de la Salle
ein Herz für junge Menschen gegeben,
damit er sie zu lebenstüchtigen und glaubensstarken Christen erziehe.
Erwecke in deiner Kirche auch heute
verantwortungsbewusste Erzieher
voll schöpferischen Geistes,
die sich mit aller Kraft dafür einsetzen,
gute Menschen und wahre Christen heranzubilden,
durch Jesus Christus.

Fürbitten

Wir wollen Jesus Christus, unseren Lehrer und Meister, bitten:

- Für die Jugendlichen ohne Arbeitsplatz: Bewahre sie vor dem Abgleiten in asoziales Milieu und lass die Regierenden Wege gegen die Jugendarbeitslosigkeit finden.
- Für die Ordensleute der Christlichen Schulbrüder: Segne ihre Mühen um die jungen Menschen und lass ihnen öffentliche Unterstützung ihrer Arbeit zuteil werden.
- Für alle, die gegen Ausbeutung der Kinder in den Entwicklungsländern kämpfen: Zeige ihnen Wege zum erfolgreichen Schutz der Kinder.
- Für alle Kinder und Jugendlichen: Gib ihnen verständnisvolle und kluge Erzieher, die sie auf das Erwachsenenleben gut vorbereiten und ihr Herz für den Glauben aufschließen.

Gott, wir vertrauen darauf, dass du bei denen bist, die sich ihrer Mitmenschen annehmen. Denn du willst allen Vater sein. Dir sei Ehre und Lobpreis in Ewigkeit.

Besinnung nach der Kommunion

Was wir in unsere Mitte nehmen,
dem gilt unser Augenmerk.
Jesus stellte ein Kind in die Mitte seiner Jünger,
aller Augen sind auf das Kind gerichtet.
»Wer so klein sein kann wie dieses Kind,
der ist im Himmelreich der Größte« (Mt 18,4).
Wer vor Gott nicht mehr aus sich macht als er ist,
wer Gott den Herrn sein lässt in seinem Leben
und nicht sich selbst aufbläht,
ist auf dem Weg ins Himmelreich.

Schlussgebet

Allmächtiger Gott,
die Gemeinschaft des heiligen Mahles,
die uns dein Sohn geschenkt hat,
möge uns dazu anstiften,
dass wir nun weiterhin in Gemeinschaft mit ihm bleiben
und einander Gemeinschaft schenken
durch ihn, Christus, unseren Herrn.

Hl. Stanislaus Bischof, Märtyrer, G

L: Offb 12,10-12a; Ev: Joh 17,6a.11b-19

Einführung

Wir wissen, wie gefährlich es sein kann, einem anderen den Spiegel vorzuhalten. Wir wissen, wie gereizt und aggressiv manche darauf reagieren. Der hl. Stanislaus, im 11. Jahrhundert Bischof von Krakau, hielt dem polnischen König Boleslaw II. den Spiegel vor, indem er seinen Lebenswandel heftig kritisierte. Für den Bischof von Krakau war das lebensgefährlich; während der heiligen Messe erschlug der König den Bischof eigenhändig mit dem Schwert. – Lassen wir uns den Spiegel vorhalten? Halten wir es aus, der Wahrheit über uns ins Gesicht zu schauen? Sind wir bereit, aus dem Blick in den Spiegel der Wahrheit zu lernen? – *Stille*

Kyrie-Rufe

Herr Jesus Christus,
du gibst die Deinen nicht dem Untergang preis.
Du führst uns zum Sieg über den Tod.
Du schenkst uns Anteil an deinem göttlichen Leben.

Tagesgebet *(Vgl. MB)*

Gott und Herr,
der heilige Bischof Stanislaus
hat sich unerschrocken für das Evangelium eingesetzt
und ist unter dem Schwert der Verfolger gefallen.
Gib auch uns die Kraft,
bis zu unserem Tod
im Glauben standhaft zu bleiben
durch Jesus Christus.

Fürbitten

Jesus musste als Zeuge des Vaters sein Leben hingeben. Zu ihm wollen wir rufen:

- Stehe allen bei, die in deiner Nachfolge Zeugnis für den Vater ablegen.
- Zeige den polnischen Bischöfen die rechten Wege, den Glauben in ihrem Land zu festigen.
- Stärke alle Gläubigen, dem Zeitgeist zu widerstehen, wo er deinem Geist nicht entspricht.
- Gib uns den Mut, ehrlich in den Spiegel unseres Lebens zu schauen und wo nötig umzukehren.

Barmherziger Gott, du richtest uns auf, wenn uns der Mut verlässt, du hältst die Zukunft für uns offen. Dir sei alle Macht und Herrlichkeit in Ewigkeit.

Besinnung nach der Kommunion

Wir haben das Lebensopfer des Herrn gefeiert
und am Leben des Auferstandenen Anteil erhalten.
So wurde uns bewusst,
dass wir nicht am Irdischen hängen müssen
als wäre es das Letzte und das Höchste.
Je größer unsere Freiheit gegenüber dem Irdischen ist,
umso mehr können wir Zeugnis geben
für Wahrheit und Gerechtigkeit.

Schlussgebet

Allmächtiger Gott,
am Gedenktag des heiligen Stanislaus
haben wir von dem einen Brot gegessen,
das Leben und Gemeinschaft mit deinem Sohn schenkt.
Erhalte uns in der Treue zu dir,
damit wir deine Liebe vor den Menschen bezeugen
und Anteil haben an der Auferstehung Christi,
der mit dir lebt und Herr ist in Ewigkeit.

Hl. Martin I. Papst, Märtyrer, g

L: 2 Tim 2,8-13; 3,10-12; Ev: Joh 15,18-21

Einführung

Der hl. Martin I. war im 7. Jahrhundert Papst. Er verteidigte den Glauben der Kirche, dass Jesus nicht nur wahrer Gott, sondern auch wahrer Mensch gewesen ist. Weil der Kaiser in Konstantinopel anderer Überzeugung war, ließ er ihn in seiner Bischofskirche gefangennehmen und nach Konstantinopel bringen. Dort wurde er wegen Hochverrats zum Tod verurteilt, begnadigt und auf die Krim verbannt. Dort starb er nach zwei Jahren, von seinen Freunden vergessen; in Rom hatte man längst einen neuen Papst gewählt. – Sind wir bereit, auch dann für unseren Glauben, den Glauben der Kirche, einzustehen, wenn uns daraus Nachteile entstehen könnten? – *Stille*

Kyrie-Rufe

Herr Jesus Christus,
du bist wahrer Gott vom wahren Gott, eines Wesens mit dem Vater.
Du bist Mensch geworden aus Maria, in allem uns gleich außer der Sünde.
Du bist auferstanden von den Toten und heimgegangen zu deinem Vater.

Tagesgebet *(Vgl. MB)*

Allmächtiger Gott,
in deiner Kraft hat der heilige Papst Martin
den Drohungen ungerechter Gewalt widerstanden
und Misshandlungen standhaft erduldet.
Hilf auch uns,
alle Schwierigkeiten
mit ungebrochenem Mut zu überwinden
durch Jesus Christus.

Fürbitten

Zu Jesus Christus, dem Sohn Gottes, der für uns Mensch geworden ist, lasst uns beten:

- Für den Papst und alle Bischöfe: dass er den Glauben der Wankenden stärke und dem Geist Gottes in der Kirche Raum verschaffe.
- Für die Lehrer der Theologie an den Hochschulen: dass sie den Glauben der Kirche bekennen und in ihren Hörern den Geist Gottes entzünden.
- Für die Regierenden: dass sie Achtung haben vor dem Gewissen der Menschen und ihren Glauben respektieren.
- Für alle Verfolgten und Unterdrückten: dass sie Gerechtigkeit und Freiheit erfahren.

Gott und Vater, in deiner Liebe sind wir auch im Tod geborgen. Dir wollen wir dienen, dich wollen wir ehren in Ewigkeit.

Besinnung nach der Kommunion

Wir nennen Jesus unseren Herrn,
wir nennen ihn auch unseren Bruder.
Herr ist er, weil er Gott ist,
Bruder, weil er Mensch wurde.
Als Mensch hat er uns vorgelebt,
wie wir so denken und handeln können,
dass wir wahre Ebenbilder Gottes sind,
wonach wir sinnen und trachten sollen,
damit wir mit ihm schon heute
am Reich des himmlischen Vaters bauen.

Schlussgebet

Herr, unser Gott,
stärke unseren Glauben und unsere Hoffnung,
entzünde unsere Liebe,
damit auch wir uns wie der heilige Papst Martin bewähren,
wenn wir für unseren Glauben geradestehen müssen.
Darum bitten wir durch Christus, unseren Herrn.

Hl. Leo IX. Papst, g

L: Ez 34,11-16; Ev: Joh 15,9-17

Einführung

Der hl. Leo IX. war der bedeutendste deutsche Papst der bisherigen Geschichte. Mit großem Einsatz für Reformen in der Kirche ordnete er die römische Kurie neu und kämpfte unter anderem gegen die Käuflichkeit kirchlicher Ämter. Das kirchliche Amt muss frei sein von den Interessen weltlicher Macht, der Amtsinhaber darf nicht eigenen Vorteil suchen, sondern soll allein dem Volk Gottes dienen. Diese Überzeugung bestimmte sein Handeln. – Wir dürfen uns fragen, ob wir davon frei sind, auf Kosten anderer unseren eigenen Vorteil zu suchen. – *Stille*

Kyrie-Rufe

Herr Jesus Christus,
du bist der wahre Hirt deines Volkes.
Du hältst uns mit deiner Liebe umfangen.
Du willst deine Freude in unser Herz einpflanzen.

Tagesgebet *(Vgl. MB)*

Ewiger und treuer Gott,
du hast deinem Volk im heiligen Papst Leo
einen Hirten gegeben,
der von tiefem Glauben erfüllt war
und sein Leben ganz im Dienst für die Kirche einsetzte.
Hilf deinem Volk auf seine Fürsprache, sich zu erneuern
und Zwist und Trennung zu überwinden,
damit alle, die sich Christen nennen,
im Glauben und in der Liebe eins werden
durch Jesus Christus.

Fürbitten

Zu Christus, dem wahren Hirten der Menschen, lasst uns rufen:

- Bewahre der Kirche auf dem ganzen Erdkreis die Einheit und führe die getrennten Konfessionen zusammen.
- Gib deiner Kirche in unseren Tagen die Kraft zu innerer Erneuerung durch den Geist, den du ihr verheißen hast.
- Halte alle, denen in der Kirche ein Amt übertragen ist, frei von Eigeninteressen, damit sie allein dir und den Menschen dienen.
- Ermutige alle, die mit manchen Zuständen in der Kirche zu Recht unzufrieden sind, sich für Erneuerung einzusetzen, ohne in guter Absicht das Kind mit dem Bade auszuschütten.

Herr, auf dich vertrauen wir. Dich wollen wir rühmen jetzt und in Ewigkeit.

Besinnung nach der Kommunion

Der Herr ist bei uns
mit seiner Liebe und seiner Freude.
Von ihm bewegt und getragen
dürfen wir uns füreinander einsetzen,
da er uns einander anvertraut hat.
Von ihm bewegt und getragen
dürfen wir nicht mit dem zufrieden sein,
was wir schon vorfinden.
Von ihm bewegt und getragen
dürfen wir uns einsetzen für das Volk Gottes,
damit es im Glauben und in der Liebe
vollkommen werde –
und dabei bei uns anfangen.

Schlussgebet

Barmherziger Gott,
von dir kommen wir
und zu dir kehren wir zurück.
Führe uns durch deinen Heiligen Geist,
damit wir auf dem Weg zu dir bleiben
und anderen eine Hilfe sind,
den Weg zu dir zu finden und zu gehen
durch Christus, unseren Herrn.

Hl. Konrad von Parzham Ordensbruder, g

L: 1 Petr 4,7b-11; Ev: Lk 12,35-40

Einführung

Mit 30 Jahren verzichtete Johann Evangelist Birndorfer (1818–1894) auf den elterlichen Bauernhof im Rottal, um mit ganzer Hingabe Schüler Gottes zu werden. 1852 legte er die Ordensprofess als Kapuzinerbruder ab und war dann 41 Jahre lang Klosterpförtner in Altötting. In der Schule des Rabbi Jesus von Nazaret lernte und lebte er in persönlicher Armut und Bescheidenheit innige Gottesliebe und stetige Nächstenliebe. Wir kennen ihn unter dem Namen Bruder Konrad von Parzham. – In die Schule Gottes zu gehen und von Jesus das richtige Leben zu lernen, soll auch unser Bemühen sein. Ihn, unseren Lehrer und Meister, rufen wir an:

Kyrie-Rufe

Herr Jesus Christus,
du einzig wahrer Lehrer der Menschen.
Du Brot des Lebens.
Du Weg in Gottes Ewigkeit.

Tagesgebet *(Vgl. MB)*

Gott, du hast den heiligen Bruder Konrad
zum Dienst an den Wallfahrern
und Notleidenden berufen.
Mach auch uns bereit,
in Geduld und Güte denen zu begegnen,
die auf unsere Hilfe warten,
durch Jesus Christus.

Fürbitten

Ewiger, allweiser Gott, du hast uns in deinem Sohn ein Beispiel gegeben, wie wir auf Erden als deine Ebenbilder leben können. Wir bitten dich:

- Zeige jungen Menschen den Weg in die radikale Nachfolge deines Sohnes und öffne ihr Herz zur Bereitschaft für den Priester- und Ordensberuf.
- Führe und beschütze alle, die als Wallfahrer, Wandernde oder Heimatlose unterwegs sind auf den Straßen dieser Welt.
- Stärke die Verzweifelten und Verzagten, ermutige die Enttäuschten und Hilflosen, tröste die Leidenden und Sterbenden.
- Gib uns Augen für die Not der Mitmenschen, Geduld mit ihnen und helfende Hände.
- Schenke unserem Beten Aufrichtigkeit, Innigkeit und Ausdauer.

Dir, unserem Vater, vertrauen wir uns an; deine Größe und Güte rühmen wir durch Christus, unseren Herrn.

Besinnung nach der Kommunion

Du reichst uns das Brot des Lebens,
weil du willst, dass wir leben,
leben, nicht nur ein paar Jahre auf Erden,
sondern leben in Ewigkeit.
Du selbst bist dieses Brot des Lebens,
dich dürfen wir aufnehmen in uns.

Was nehme ich alles auf in mir
aus der Zeitung und aus Büchern,
aus dem Fernsehen und dem Radio,
in Gesprächen und Vorträgen!
Wieviel davon ist wertvoll,
wieviel ist nutzlos oder Mist?

Du lädst mich ein,
bei dir in die Schule zu gehen
und so Schüler Gottes zu werden,
von dir zu lernen,
von deinem Wort, von deinem Leben,
damit deine Gesinnung auch die meine,
dein Wille auch der meine werde.

Dein Fleisch reichst du mir als Speise.
Herr, schenk dich mir immer mehr,
ich will mich schenken dir.
Ich danke dir, Herr!

Schlussgebet

Ewiger Gott,
du hast den heiligen Bruder Konrad
mit ununterbrochener Dienstbereitschaft
für dich und die Menschen ausgestattet.
Lass auch uns in der Liebe wachsen
und vollende das gute Werk,
das du in uns begonnen hast
durch Christus, unseren Herrn.

Hl. Anselm Bischof, Kirchenlehrer, g

L: Eph 3,14-19; Ev: Mt 7,21-29

Einführung

Der hl. Anselm, Norditaliener, wurde Abt in der Normandie und schließlich Erzbischof von Canterbury in England. Ganz im Sinn des kurz vor ihm amtierenden Papstes Leo IX., dessen wir erst vor zwei Tagen gedacht haben, kämpfte er für die Freiheit der Kirche und musste dafür zweimal in die Verbannung gehen. Als bedeutender Wissenschaftler jener Zeit bemühte er sich, den Glauben für die Vernunft einsichtig zu machen. – Dieses Anliegen ist auch heute für viele von uns aktuell. Denn es liegt in der Natur des Menschen, dass er auch verstehen will, was er glaubt, dass sein Glaube jedenfalls nicht widervernünftig sei, wenn er auch nicht alles mit dem Verstand erklären kann. – *Stille*

Kyrie-Rufe

Herr Jesus Christus,
deine Liebe übersteigt alle Erkenntnis.
In dir wohnt die Fülle der Weisheit.
Du erleuchtest unseren Verstand mit dem Glauben.

Tagesgebet

Gott, du offenbarst dich den Menschen,
und bleibst doch der Geheimnisvolle.
Hilf auf die Fürsprache des heiligen Anselm unserem Verstand
zu begreifen, was wir erkennen können,
und gib uns Glauben,
der dem Verstand zu Hilfe kommt,
damit unser Herz dich und deine Weisheit lieb gewinnt
durch Jesus Christus.

Fürbitten

Zu Jesus Christus, auf den wir unser Leben bauen wollen, lasst uns beten:

- Gib den Geist der Erkenntnis und der Frömmigkeit allen, die Theologie treiben, um dich zu verstehen und den Menschen zu verkünden.
- Sei mit allen, die das Evangelium verkünden, damit sie es auch durch ihr Leben bezeugen.
- Segne die Kirche in England, dass sie auf deinen Wegen geht und viele für dich gewinnt.
- Nimm uns in deinen Dienst, damit wir Suchenden die Wahrheit bringen und unser eigenes Leben fest in dir gegründet ist.

Großer und ewiger Gott, du schenkst uns Hoffnung und Freude. Dich preisen wir heute und in Ewigkeit.

Besinnung nach der Kommunion

»Selig sind,
die nicht sehen und doch glauben« (Joh 20,29b),
hat Jesus zu Thomas gesagt.
Aber unser Verstand verlangt nach Erklärung
und nach Begründung.
Und das ist gut,
denn sonst wäre dem Aberglauben
oder der Wundersucht
Tür und Tor geöffnet.
Der heilige Anselm weist uns einen guten Weg:
»Ich suche nicht zu begreifen, um zu glauben,
sondern ich glaube, um zu begreifen.«

Schlussgebet

Herr, unser Gott,
im Brot des Lebens
ist Jesus Christus unsere Speise geworden.
Gib, dass er durch den Glauben
in unseren Herzen wohnt,
damit unser Leben auf sicheren Grund gebaut ist
durch ihn, Christus, unseren Herrn.

Hl. Adalbert

Bischof, Glaubensbote, Märtyrer, g

L: Phil 1,21-2,2; Ev: Joh 12,24-26

Einführung

Der hl. Adalbert scheiterte im 10. Jahrhundert als zweiter Bischof von Prag, trat in Rom in ein Benediktinerkloster ein, ging – der Kirche gehorsam – wieder nach Prag, scheiterte wieder, zog als Missionar zu den Preußen, hatte auch dort wenig Erfolg und wurde schließlich mit Spießen erstochen. Was hat er erreicht? Für Menschen unserer an Erfolg und Leistung orientierten Gesellschaft war er ein Versager. Warum wurde er schon zwei Jahre nach seinem Martyrium heiliggesprochen? Worin soll er uns Vorbild sein? – Kennen wir den Misserfolg nicht aus unserem eigenen Leben? Geht uns nicht manches daneben? Und stellt sich dann nicht zuweilen Mutlosigkeit ein oder Resignation, tiefe Niedergeschlagenheit? Der hl. Adalbert hat nie aufgegeben. Auch im Misserfolg hat er immer neu angefangen, für seinen Herrn zu arbeiten. Darin kann er uns Vorbild sein. – *Stille*

Kyrie-Rufe

Herr Jesus Christus,
du hast dich für uns hingegeben.
Du rufst uns, dir nachzufolgen.
Du wirst vollenden, was uns noch fehlt.

Tagesgebet

Gott,
als Bischof und Missionar
hat der heilige Adalbert sich gemüht,
das Evangelium zu verkünden
und an deinem Reich auf Erden zu bauen.

Er hat mit seinem Blut dafür bezahlt.
Gib uns und allen Gläubigen
Einsatzbereitschaft für dich und unbeirrbare Treue zu dir.
Darum bitten wir durch Jesus Christus.

Fürbitten

Zu Christus, für den der hl. Adalbert gelebt hat und gestorben ist, wollen wir beten:

- Für unsere Mitchristen in Böhmen, Preußen und Polen.
- Für *die* Bischöfe und Priester, die die Last ihres Amtes nicht ertragen haben.
- Für alle, die sich guten Willens bemühen und doch erfolglos bleiben.
- Für all jene, die das Wagnis eingehen, ihr Leben ganz in deinen Dienst zu stellen.

Guter Gott, du siehst nicht auf den Erfolg, sondern auf den guten Willen der Menschen. Das gibt uns Trost und macht uns Mut. Dafür preisen wir dich durch Christus, unseren Herrn.

Besinnung nach der Kommunion

Das Leben Jesu von Nazaret
war nach menschlichen Maßstäben
nicht mit Erfolgen gesegnet.
Eine kleine Menschengruppe hat er für sich gewonnen,
aber seine Gegner haben ihn ans Kreuz gebracht.
So ist der heilige Adalbert
seinem Herrn sehr ähnlich geworden.
Und uns tut es gut zu wissen,
dass wir vor Gott nicht auf Erfolge verweisen müssen.
Dem, der uns liebt, genügt unsere Liebe
und der gute Wille, der dieser Liebe entspricht.
Seine Liebe aber vollendet unser Leben.

Schlussgebet

Gott, unser Vater,
du hast uns durch dieses heilige Mahl
in Christus zu einem Leib verbunden.
Gib, dass wir uns nach dem Beispiel des heiligen Adalbert
nicht von denen einschüchtern lassen,
die uns den Glauben schwer machen,
sondern jederzeit dem verbunden bleiben,
der uns zuerst geliebt hat,
Christus, unserem Herrn.

Hl. Georg Märtyrer, g

L: Offb 21,5-7; Ev: Joh 15,1-8

Einführung

In Rom war der Christenverfolger Diokletian Kaiser. In seinem Heer hatte es ein Christ namens Georg zum Offizier gebracht. Als sein Glaube bekannt wurde, erwarteten ihn schlimmste Foltern. Er starb »tausend Tode«, ehe man ihm den Kopf abschlug. In der Legende wird seine Tapferkeit gerühmt, da er sich auf die Seite der Unschuldigen stellt und ihr Leben im Kampf mit dem Drachen rettet. – Das sollte auch unsere Sache sein: auf Seiten der Unschuldigen stehen, dem Bösen den Kampf ansagen und dabei auf Christus vertrauen, der den alten Widersacher überwältigt hat. – *Stille*

Kyrie-Rufe

Herr Jesus Christus,
du bist der Sieger über Tod und Sünde.
Du hast uns berufen, für Gerechtigkeit und Frieden einzutreten.
Mit dir verbunden wird unser Leben gute Frucht bringen.

Tagesgebet *(Vgl. MB)*

Starker Gott,
am Gedenktag des heiligen Georg
preisen wir deine Macht.
Auf seine Fürsprache hin steh uns in jeder Not bei.
Hilf uns, deinem Sohn im Leiden nachzufolgen
und in der Kraft des Kreuzes das Böse zu besiegen
durch ihn, Jesus Christus.

Fürbitten

Wir wollen zu Jesus Christus, der uns einlädt, in ihm zu bleiben, beten:
- Für alle, die an Leib und Seele leiden: Lass sie durch das Gebet und durch unseren Beistand Gesundheit und Heil erfahren.

- Für alle, die in die Klauen des Bösen geraten sind und sich nicht selbst daraus befreien können: Erlöse sie zu neuer Lebensfreude und führe sie zu der Freiheit, die nur du schenken kannst.
- Für die ihres Glaubens wegen Verfolgten auf der ganzen Erde: Gib ihnen Tapferkeit und Glaubenstreue, ihren Verfolgern aber Toleranz und Vergebung.
- Für uns selber: Rüste uns zum Kampf gegen alles Böse, das uns bedrängt, und mach uns bereit zum Einsatz für jene, die unsere Hilfe brauchen.

Gott, auf dein Wort und deine Liebe ist Verlass. Du wirst unser Retter sein durch Christus, unseren Herrn.

Besinnung nach der Kommunion

Herr, du hast uns gern.
Du liebst uns so sehr,
dass du dich ganz tief mit uns verbunden hast.
Du willst, dass wir leben
und in der Ewigkeit unser Glück finden.
Wen sollten wir fürchten,
wenn wir in dir bleiben
und du in uns bleibst?
Darum wollen wir treu und tapfer
den Weg gehen, auf den du uns stellst
und auf dem du uns begleitest.

Schlussgebet *(Vgl. MB 910)*

Allmächtiger Gott,
am Gedenktag deines Märtyrers Georg
haben wir den Opfertod deines Sohnes verkündet.
Er hat sich uns als Speise geschenkt
für das Leben über den Tod hinaus.
Schenke uns einmal die Freude,
mit dem heiligen Georg
an der Auferstehung und Herrlichkeit Christi teilzuhaben,
der mit dir und dem Heiligen Geist
lebt und Herr ist in Ewigkeit.

Hl. Fidelis von Sigmaringen

Ordenspriester, Märtyrer, g

L: Offb 3,7b-8.11-12; Ev: Joh 10,11-16

Einführung

Die Ökumene ist uns heute ein großes Anliegen. Die getrennten Kirchen suchen Wege zur Einheit. Das war einmal ganz anders. Der hl. Fidelis von Sigmaringen, zunächst Jurist, wurde Kapizinerpater und wirkte vor allem in Vorarlberg und in der Schweiz. Neben seiner gerühmten caritativen Tätigkeit verteidigte er mit Überzeugung und Hingabe den katholischen Glauben. Seine Predigten waren den reformatorischen Christen ein solcher Dorn im Auge, dass sie ihn erschlugen. – Dieser blindwütiger Fanatismus ist für uns heute kaum nachzuvollziehen. Längst haben wir angefangen, einander begangenes Unrecht zu vergeben und uns um gegenseitiges Verständnis zu bemühen. Gemeinsame Veranstaltungen verschiedener Konfessionen sind Zeichen dafür.

Kyrie-Rufe

Herr Jesus Christus,
du hast für die Einheit deiner Jünger gebetet.
Deine Sorge gilt allen Menschen.
Du sendest uns, für dich und dein Evangelium einzustehen.

Tagesgebet *(Vgl. MB)*

Treuer Gott,
aus Liebe zu dir hat der heilige Fidelis
für den Glauben sein Leben hingegeben.
Gib, dass auch wir in der Liebe fest verwurzelt seien,
damit wir ohne Menschenfurcht
für die Wahrheit einstehen
und die Kraft der Auferstehung deines Sohnes erfahren,
unseres Herrn Jesus Christus,
der mit dir und dem Heiligen Geist
lebt und Herr ist in Ewigkeit.

Fürbitten

Wir beten zu Christus, dem gemeinsamen Hirten aller Getauften:
- Schenke allen, die an dich glauben, immer tiefere Einsicht in die Wahrheit und in die Liebe.
- Nimm dich der Opfer von religiösem Fanatismus an und gib ihnen Gedanken der Versöhnung.
- Führe alle, die schwere Schuld auf sich geladen haben, zur Umkehr und zu neuem Anfang.
- Stärke in uns allen den Glauben, damit wir treu zu dir stehen.

Herr, du wirst kommen, uns zu erlösen, denn dein ist das Reich und die Macht und die Herrlichkeit in Ewigkeit.

Besinnung nach der Kommunion

Herr, du selbst bist die Tür,
durch die wir gehen müssen,
um zum Vater zu kommen.
Du hast uns die Tür schon geöffnet,
du hast dich aufgetan für uns,
hast uns einen Platz geschenkt
in deinem Herzen.
Dort ist unser wahres Zuhause,
unsere Sicherheit, unsere Freude.
Wir danken dir, Herr.

Schlussgebet

Allmächtiger Gott,
du hast uns in diesem Sakrament
aufs Neue erfahren lassen,
wie sehr du uns liebst.
Gib unserer Liebe Kraft,
damit wir wie der heilige Fidelis
unsere Liebe allen Menschen zuwenden,
denen wir begegnen,
durch Christus, unseren Herrn.

Hl. Markus Evangelist, F

L: 1 Petr 5,5b-14; Ev: Mk 16,15-20

Einführung

Der heilige Markus gilt als Verfasser des ältesten Evangeliums. Auf der ersten Missionsreise des Paulus begleitete er diesen, verließ ihn allerdings bald, um nach Jerusalem zurückzukehren. Vermutlich hatte ihn der Mut verlassen. Deshalb weigerte sich Paulus später, auf seine zweite Missionsreise Markus wieder mitzunehmen. Uns aber kann diese Schwäche oder Feigheit des Markus Mut machen, finden wir solche Eigenschaften doch auch in uns. Und dieser Markus scheint innerlich gewachsen zu sein, denn später finden wir ihn in Rom wieder bei Petrus und bei Paulus. Er legt im Evangelium und schließlich im Martyrium doch noch konsequentes Zeugnis für Christus ab. – *Stille*

Kyrie-Rufe

Herr Jesus Christus,
du rufst schwache Menschen in deinen Dienst.
Du stärkst diejenigen, die dir nachfolgen.
Du sendest uns, dein Evangelium weiterzugeben.

Tagesgebet *(Vgl. MB)*

Herr, unser Gott,
du hast den heiligen Markus auserwählt,
durch das Wort des Evangeliums
dein Heil zu verkünden.
Gib, dass wir gläubig auf die Botschaft hören
und unserem Herrn Jesus Christus
in Treue nachfolgen,
der in Einheit mit dir und dem Heiligen Geist
lebt und Herr ist in Ewigkeit.

Fürbitten

Zu Christus, Gottes lebendigem Wort, lasst uns beten:
- Erfülle die Christen unserer Tage mit Mut, dein Evangelium zu verkünden und selbst danach zu leben.
- Öffne die Herzen der Menschen für deine Botschaft, damit die Liebe und die Hoffnung sich immer mehr durchsetzen.
- Stärke die Christen, die von Zweifel oder Angst bedroht sind, im Glauben und im Vertrauen.
- Ermutige alle in unserer (Pfarr-)Gemeinde, aus Glaube und Liebe am Gelingen einer lebendigen Kirche mitzuwirken.

Barmherziger Vater, dein Wort ist Wahrheit und zeugt Leben. Dein ist alle Macht und Herrlichkeit in Ewigkeit.

Besinnung nach der Kommunion

Der Herr beruft nicht vollkommene Menschen,
um sein Wort zu bezeugen,
denn solche Menschen gibt es nicht.
Er ruft uns schwache Menschen.
Wir sollen ja nicht unsere Größe verkünden,
sondern die große Liebe Gottes bezeugen,
seine Herrlichkeit preisen und ehren.

Schlussgebet

Allmächtiger Gott,
du hast uns das Brot des Lebens gereicht,
damit wir das Leben gewinnen.
Stärke uns im täglichen Kampf mit unseren Schwächen
und lass uns im Vertrauen auf deine Liebe
zuversichtlich unser tägliches Werk verrichten
durch Christus, unseren Herrn.

Hl. Petrus Kanisius Ordenspriester, Kirchenlehrer, g

L: 1 Kor 2,1-10a; Ev: Mt 5,13-19

Einführung

Salz der Erde und Licht der Welt zu sein ist uns von Christus zugesagt worden. Dieses Wort des Herrn hat sich im Leben des hl. Petrus Kanisius (1521–1597) mit einer Klarheit wie bei wenigen anderen erwiesen. Um den rechten Glauben an Christus, das wahre Licht, ist es ihm gegangen. In schwerer Zeit, als im 16. Jahrhundert infolge der Reformation die Kirche in Deutschland gespalten war, trat der Student Petrus aus Nimwegen in Köln dem erst jüngst gegründeten Jesuitenorden bei. Sein Lebenswerk als Ordenspriester war der Wiedergewinnung Deutschlands für den katholischen Glauben gewidmet. – Die vom Herrn gewollte Einheit der Christen wiederzugewinnen war das große Anliegen schon in jener Zeit. Auch wir wollen beten, dass das Wort des Paulus »ein Herr, ein Glaube, eine Taufe« Wirklichkeit werde in der einen Kirche, zu der wir uns im Credo bekennen.

Kyrie-Rufe

Herr Jesus Christus,
du befähigst uns, Salz der Erde zu sein.
Du erwählst uns, Licht der Welt zu sein.
Aufgrund unserer Werke sollen die Menschen den Vater preisen.

Tagesgebet *(Vgl. MB)*

Herr, unser Gott,
der heiligen Petrus Kanisius
hat in Wort und Schrift
den katholischen Glauben kraftvoll verteidigt.
Lass alle, die heute nach der Wahrheit suchen,
dich finden
und erhalte deine Gläubigen im Bekenntnis zu dir
durch Jesus Christus.

Fürbitten

Gott und Herr, du hast uns den Glauben geschenkt; du hast ihn zerbrechlichen Gefäßen anvertraut. Wir bitten dich:

- Gib deiner Kirche zu jeder Zeit Lehrer, die wie Petrus Kanisius mit Weisheit und Überzeugungskraft die Glaubenswahrheit verkünden.
- Gib unseren Seelsorgern zur rechten Zeit das rechte Wort in den Mund, damit sie die Menschen in der Einheit mit dir bewahren.
- Bewahre die jungen Menschen unserer Zeit vor Verführung durch pseudoreligiöse Modeerscheinungen.
- Lass alle, die an dich glauben, zur Gemeinschaft der einen Kirche Jesu Christi zusammenfinden.
- Befreie uns von Gleichgültigkeit und Bequemlichkeit, damit wir deine Worte nicht nur hören, sondern auch befolgen.

Du, Vater, hast uns in Christus das Licht gesandt, damit keiner in der Finsternis bleibt. Wir danken dir durch ihn, Christus, unseren Herrn.

Besinnung nach der Kommunion

Die Tage gehen dahin
eintönig und grau,
ab und zu ein Höhepunkt,
dann wieder der Alltag.

Ich gehe in die Kirche,
höre dein Wort,
empfange deinen Leib
wie selbstverständlich.
Ist mir die Begegnung mit dir
der tägliche Höhepunkt?

Du bist bei uns alle Tage,
so hast du versprochen.
Glaube ich dir,
vertraue ich darauf,
bin ich dankbar dafür?

Jetzt, Herr, habe ich
dein Bei-mir-sein wieder erfahren.
Ich will dich behalten im Geist und im Herzen
und dich mitnehmen hinein in den Tag,

zu den Menschen dich bringen,
die mir begegnen,
damit sie die Freude auch spüren,
die du gebracht in mein Leben.

Schlussgebet *(Vgl. MB 932)*

Allmächtiger Gott,
in diesem Mahl haben wir Christus,
das Brot des Lebens, empfangen.
Gib, dass wir auf ihn,
unseren wahren Lehrer, hören.
Erleuchte uns und alle, die deine Wahrheit suchen,
und steh uns bei,
sie in Werken der Liebe bezeugen,
durch Christus, unseren Herrn.

Hl. Peter Chanel Priester, Märtyrer, g

L: 1 Kor 1,18-25; Ev: Mk 1,14-20

Einführung

Der hl. Peter Chanel ging im 19. Jahrhundert als Maristen-Missionar nach Ozeanien. Sein Dienst an den Kranken und seine Geduld mit allen brachte ihm bei den Eingeborenen den Namen »Mann mit dem besten Herzen« ein. Aber sein Missionserfolg blieb aus. Als sich jedoch der Sohn des Häuptlings für den christlichen Glauben begeisterte und sich bekehrte, ließ der wütende Häuptling den Missionar ermorden. Wenige Monate nach seinem Tod war die ganze Insel Futuna katholisch und ist es bis heute geblieben. – »Wenn das Weizenkorn in die Erde fällt und stirbt, bringt es reiche Frucht« (vgl. Joh 12,24). Wieder einmal hat sich dieses Jesuswort bewahrheitet. – *Stille*

Kyrie-Rufe

Herr Jesus Christus,
du rufst auch uns zur Umkehr.
Aus deinem Tod ist uns Leben erstanden.
Deine Auferstehung gibt unserem Leben Sinn und Ziel.

Tagesgebet *(Vgl. MB)*

Starker Gott,
du hast durch den Märtyrertod
des heiligen Peter Chanel
den Glauben auf den Inseln der Südsee eingepflanzt.
Lass uns in diesen österlichen Tagen
die Geheimnisse des Todes
und der Auferstehung Christi so feiern,
dass wir Zeugen des neuen Lebens sein können
durch ihn, Jesus Christus.

Fürbitten

In Christus ist uns Gottes Kraft und Weisheit begegnet. Wir rufen zu ihm:

- Für die Christen in Ozeanien: Bewahre ihren Glauben und schütze ihren inneren und äußeren Frieden.
- Für die Missionare auf der ganzen Erde: Bewahre sie in Enttäuschung vor Entmutigung und lass sie Früchte ihrer Arbeit sehen.
- Für alle, die dich durch ein gutes Leben bezeugen und verkünden: Erhalte die Liebe zu allen und das Vertrauen auf dich in ihnen lebendig.
- Für die jungen Christen: Lass sie für ihr Leben begeisternde Vorbilder finden und lenke ihren Idealismus in rechte Bahnen.

Du, Herr, kannst Großes wirken auch in unserer Zeit und an uns. Sei gepriesen in Ewigkeit.

Besinnung nach der Kommunion

Wie Peter Chanel
kennen auch wir den Misserfolg.
Misserfolg kann uns entmutigen –
Peter Chanel blieb zuversichtlich.
Misserfolg kann uns aufgeben lassen –
Peter Chanel blieb seiner Sendung treu.
Misserfolg kann uns bitter machen –
Peter Chanel blieb ein Liebender.
Es liegt immer an uns,
wie wir mit Misserfolgen umgehen.

Schlussgebet

Allmächtiger Gott,
dein Sohn ist unsere Speise geworden,
die uns stärkt und lebendig macht.
Gib, dass wir
nach dem Beispiel des heiligen Märtyrers Peter Chanel
in der Liebe Christi bleiben
und unser Kreuz tragen,
damit wir in dir die Freude und das Leben finden
durch Christus, unseren Herrn.

Hl. Ludwig Maria Grignion de Montfort

Priester, Ordensgründer, g

Lesungen standen bei Redaktionsschluss noch nicht fest.

Einführung

Der hl. Ludwig Maria Grignion de Montfort aus der Bretagne empfing im Jahr 1700 die Priesterweihe. Kennzeichnend für sein Wirken und Leben ist eine aufopfernde Liebe zu allen, die sich selbst nicht helfen können, seien es die Kinder, die Armen oder die Kranken. Zu ihrer Pflege gründete er eine eigene Kongregation. Von den Jansenisten in Frankreich verfolgt, gründete er eine Missionsgesellschaft, die in vielen Ländern der Erde tätig ist. – Auch wir stehen ganz in der Nachfolge Jesu, wenn wir uns um Menschen kümmern, die der Hilfe bedürfen. Und wir haben immer wieder Gelegenheit dazu. – *Stille*

Kyrie-Rufe

Herr Jesus Christus,
du hast dich für uns hingegeben.
Du rufst uns, dir nachzufolgen.
Du wirst vollenden, was uns noch fehlt.

Tagesgebet

Barmherziger Gott,
du hast den heiligen Ludwig Maria Grignion de Montfort
mit großer Liebe zu den Kranken und Leidenden
und mit Eifer für die Ausbreitung des Evangeliums beschenkt.
Gib auch uns ein Herz für alle, die leiden,
und Sorge für die Verkündigung des Evangeliums,
damit wir einst dein Reich erben
durch Jesus Christus.

Fürbitten

Zu Christus, für den der hl. Ludwig Maria Grignion gelebt hat und gestorben ist, wollen wir beten:

- Für alle, die bei uns und in den Missionen den Menschen deine befreiende und beglückende Botschaft schenken wollen.
- Für alle, die auf die Hilfe anderer angewiesen sind und auf Menschen hoffen, die sie nicht allein lassen.
- Für alle, die ein Herz für die Kranken und Armen haben und sich ihrer mit ganzem Herzen annehmen.
- Für all jene, die das Wagnis eingehen, ihr Leben ganz in deinen Dienst zu stellen.

Guter Gott, du siehst nicht auf den Erfolg, sondern auf den guten Willen der Menschen. Das gibt uns Trost und macht uns Mut. Dafür preisen wir dich durch Christus, unseren Herrn.

Besinnung nach der Kommunion

Verkündigung und Sorge für die Menschen
haben das Leben Jesu bestimmt.
Und dies trug er auch den Jüngern auf,
die er aussandte.
Wenn Verkündigung und Sorge für die Menschen
unser Leben prägen,
dann sind wir seine Jünger.

Schlussgebet

Allmächtiger Gott,
der heilige Ludwig Maria Grignion de Montfort
wollte ganz nach deinem Willen leben.
Du hast uns in diesem Sakrament
mit deinem Geist erfüllt.
Hilf uns, zu erkennen,
was der Geist uns sagt,
damit wir die Aufgaben annehmen,
die uns heute in der Nachfolge deines Sohnes gestellt sind,
durch ihn, Christus, unseren Herrn.

Hl. Katharina von Siena

Ordensfrau, Kirchenlehrerin, G

L: 1 Joh 1,5-2,2; Ev: Mt 11,25-30

Einführung

Die hl. Katharina von Siena wurde 1970 zur Kirchenlehrerin erhoben. Ihre Lehren bestehen nicht aus theologischen Traktaten und gescheiten Büchern; sie lehrte vor allem durch ihr Leben. Ihre innige Liebe zum Herrn, in vielen Christusvisionen gestärkt, machte sie zu einer aufopferungsvollen Pflegerin der Kranken und zu einer mahnenden Kämpferin für kirchliche Reform. Ruf und Ansehen der materiell armen Frau waren so groß, dass Fürsten und Kirchenführer bei ihr Rat suchten. Sie bewegte auch den Papst zur Rückkehr von Avignon nach Rom. Erst nach ihrem Tod entdeckte man an ihrem Körper die Wundmale Christi. Sie hatte sie ihr Leben lang geheim gehalten. – *Stille*

Kyrie-Rufe

Herr Jesus Christus,
du hast uns in deine Nähe gerufen.
Du hast uns in die Welt gesandt.
Du stärkst uns mit deiner Kraft.

Tagesgebet

Ewiger Gott,
die heilige Katharina von Siena
hat sich in Liebe zu Christus mit ganzem Einsatz
für die Kirche und die Kranken aufgerieben.
Belebe auch unsere Liebeskraft
und befreie uns von Bequemlichkeit und Lauheit,
damit wir dir und den Menschen dienen
durch Jesus Christus.

Fürbitten

Bei Jesus Christus finden wir in der Unrast des Lebens zur inneren Ruhe. Ihn wollen wir bitten:

- Lass unsere Politiker Wege zum Abbau von Spannungen und zum Aufbau des Friedens finden.
- Ermutige junge Menschen, Kranken zu pflegen und Behinderten Beistand zu leisten.
- Gib deiner Kirche in unseren Tagen Menschen, die sie aus der Verbundenheit mit dir mahnen und antreiben.
- Hilf uns, das Leid anzunehmen, wo es unausweichlich ist, und darin den Weg deiner Nachfolge zu erkennen.

Großer Gott, du bist für uns Licht und Leben. Sei gerühmt und verherrlicht in Ewigkeit.

Besinnung nach der Kommunion

Es gab oft Reformer,
die in ihrem Eifer gespalten haben.
Katharina wollte durch Vermitteln reformieren.
Dabei ging sie nicht einen Weg der Mitte
voller fauler Kompromisse,
sondern suchte Wege der Versöhnung.
Vermitteln kann nur, wer selber eine Mitte hat.
Katharinas Lebensmitte war Christus,
in ihm ruhte sie,
von ihm her dachte sie,
und das hatte Überzeugungskraft.

Schlussgebet

Herr, unser Gott,
Brot vom Himmel haben wir gegessen,
den Leib des Herrn Jesus Christus.
Wie er sich mit uns vereint,
so wollen wir uns bemühen,
in deinem Geist Versöhnung und Einheit
unter Menschen zu wirken
durch Christus, unseren Herrn.

Hl. Pius V. Papst, g

L: 1 Kor 4,1-5; Ev: Joh 21,1.15-17

Einführung

Im 16. Jahrhundert sah der hl. Papst Pius V. seine Hauptaufgabe in der Umsetzung der Beschlüsse des Konzils von Trient. Und diese Aufgabe erfüllte er mit größtem Einsatz. Persönlich blieb er aber der einfache und gütige Dominikanerpater, der er zuvor gewesen war. Im persönlichen Lebensstil ein Asket von tiefer Frömmigkeit, führte er am päpstlichen Hof eine sittlich-religiöse Reform durch, bekämpfte die Missstände an der römischen Kurie und wurde vom Volk wegen seiner Demut und Liebenswürdigkeit verehrt. – Als Diener Christi und Diener aller Gläubigen ist Pius V. dem Gedächtnis der Kirche eingeschrieben. Solches Dienen steht auch uns gut an, dürfen wir uns doch dann in der Nachfolge Jesu wissen. – *Stille*

Kyrie-Rufe

Herr Jesus Christus,
du Richter der Welt.
Du Herrscher in Ewigkeit.
Du wahrer Hirt der Menschen.

Tagesgebet *(Vgl. MB)*

Herr, unser Gott,
du hast den heiligen Papst Pius erwählt,
in deiner Kirche den Glauben zu schützen,
ihr Leben und ihre Liturgie zu erneuern.
Gewähre uns auf seine Fürsprache,
die Geheimnisse des Heiles
in lebendigem Glauben zu feiern
und Frucht zu bringen in Werken der Liebe
durch Jesus Christus.

Fürbitten

Jesus Christus, den ewigen Hirten seines Volkes, wollen wir bitten:
- Für unseren Papst N.: Erfülle ihn mit ehrlicher Liebe zu dir und zu den Menschen, gib ihm den Geist, der ihn erkennen lässt, was heute nach deinem Willen zu tun ist.
- Für alle Bischöfe und Kardinäle: Erleuchte sie mit dem Heiligen Geist, damit sie in Frömmigkeit und Demut ihr Amt ausüben und dein Volk zum Heil führen.
- Für alle, die du zum Priestertum berufen hast: Gib, dass sie ihren Dienst mit Begeisterung und Freude erfüllen.
- Für alle Verirrten und alle Sünder: Lass sie in deiner Kirche Heimat finden und durch die Kirche neue Bindung an dich gewinnen.

Guter Gott, du bist uns allen ein liebender Vater. Darum können wir zuversichtlich unseren Weg gehen. Dir sei Lob und Dank in Ewigkeit.

Besinnung nach der Kommunion

Wir kennen die Fehler der anderen genau,
auch die Fehler des Papstes und der Bischöfe,
der Priester und Diakone,
der Pastoral- und der Gemeindereferenten.
Wir könnten ihnen schon sagen,
wie sie sich bessern müssten,
wir würden die Kirche schon reformieren.
Nur unsere eigenen Fehler kennen wir so schlecht,
ja wollen sie gar nicht sehen.
Und doch kann nur jeder bei sich selber anfangen.
Wenn jeder anfinge, sich selbst zu erneuern,
was könnte das für eine Kirche werden!

Schlussgebet *(Vgl. MB 916)*

Herr, unser Gott,
das Sakrament, das wir empfangen haben,
wecke in uns jene Liebe,
die den heiligen Papst Pius drängte,
rastlos für deine Kirche zu arbeiten,
damit wir alle mithelfen,
dass dein Reich komme
durch Christus, unseren Herrn.

Hl. Josef, der Arbeiter g

L: Gen 1, 26-2, 3 oder *Kol 3, 14-15.17.23-24; Ev: Mt 13, 54-58*

Einführung

Das Matthäusevangelium charakterisiert den hl. Josef als gerecht. Wir würden heute vielleicht sagen, er war in Ordnung, er tat, was vor Gott recht ist. Er hatte nach der Schrift ein Gespür für die Probleme seiner Braut und er wusste sich in seinen Entscheidungen an Gott gebunden. Er arbeitete und sorgte für die, die Gott ihm anvertraut hatte. – *Stille*

Kyrie-Rufe

Herr Jesus Christus,
du Sohn der Jungfrau Maria.
Aufgewachsen im Haus des Josef.
Von Gott zu uns Menschen gesandt.

Tagesgebet

Gott, du Schöpfer der Welt und des Menschen,
du hast uns dein Werk anvertraut,
damit wir nach deiner Maßgabe auf Erden leben
und füreinander sorgen.
Hilf, dass wir – ähnlich dem heiligen Josef –
deinen Willen erkennen
und deinen Auftrag auf Erden erfüllen
durch Jesus Christus.

Fürbitten

Zu Jesus Christus, der uns bei unserer Arbeit beisteht, lasst uns beten:

- Um Solidarität und Gerechtigkeit zwischen allen Schichten unseres Volkes.
- Um das Engagement der Christen für die sozialen Probleme unserer Gesellschaft.

- Um Gerechtigkeit und Zukunftschancen für alle, die von Arbeitslosigkeit betroffen sind.
- Um treu sorgende Väter und Mütter für unsere Kinder und Jugendlichen.

Denn du, Herr, hast dich der Schwachen und Verlassenen angenommen.
Dir sei Lob und Ehre in Ewigkeit.

Besinnung nach der Kommunion

Jeder von uns hat seine eigenen Fähigkeiten
des Körpers und des Geistes.
Jeder wird von Gott gebraucht und von den Menschen.
Wir können sie nur zu unserem Nutzen einsetzen
oder Gott und den Menschen zur Verfügung stellen.
Christus ruft uns auf,
es ihm gleich zu tun.

Schlussgebet *(Vgl. MB)*

Herr, unser Gott,
du hast uns zu diesem Mahl der Freude geladen.
Lass uns nach dem Vorbild des heiligen Josef
Zeugnis geben von der Liebe,
die du uns erwiesen hast,
und schenke uns den Segen eines beständigen Friedens
durch Christus, unseren Herrn.

Hl. Athanasius Bischof, Kirchenlehrer, G

L: 1 Joh 5, 1-5; Ev: Mt 10,22-25a

Einführung

Der hl. Athanasius, Bischof von Alexandrien und Kirchenlehrer, war ein weitgereister Mann, allerdings nicht aus eigenem Antrieb. Siebzehn Jahre seines Lebens verbrachte er im Exil, auf der Flucht vor der Staatsmacht. Im 4. Jahrhundert stand in der Kirche die Gottheit Christi zur Diskussion. Der Kaiser war Anhänger des Arius, der die Gottheit Christi leugnete. Athanasius vertrat in Wort und Schrift mit großer Gelehrsamkeit die biblische Botschaft, dass Jesus wahrer Sohn Gottes ist. Auch Verleumdungen und Verfolgung konnten ihn nicht beirren. – Wofür stehen wir gerade? Was ist uns die Glaubensüberzeugung wert? Im Letzten heißt das: Was ist uns Jesus Christus wert? – *Stille*

Kyrie-Rufe

Herr Jesus Christus,
du wahrer Gott vom wahren Gott.
Du bist die Wahrheit, die uns befreit.
Du bist der Weg, der uns zum Leben führt.

Tagesgebet *(Vgl. MB)*

Ewiger und liebender Gott,
durch deinen Beistand hat der heilige Athanasius
mit Geist und Tapferkeit
die Lehre von der Gottheit deines Sohnes
unerschütterlich verteidigt.
Hilf uns, dieser Wahrheit treu zu bleiben
und das Geheimnis deiner Dreifaltigkeit
aufrecht zu bekennen
durch Jesus Christus.

Fürbitten

Zu Christus, dem ewigen Sohn des himmlischen Vaters, wollen wir beten:

- Für alle, die nach der Wahrheit suchen: Gib ihnen den Geist der Wahrheit, der sie zu dir finden lässt.

- Für alle, die Halt und Lebensorientierung verloren haben: Begleite sie und gib ihnen Menschen, durch die sie dich, die Wahrheit und den Weg, erkennen.
- Für alle, die am Lehramt der Kirche teilhaben: Ermutige und bewege sie, den Glauben auch im Widerstand gegen die Mächtigen der Welt unverkürzt zu verkünden.
- Für uns selber: Schenke uns durch den Glauben Freude und stärke uns, immer und überall zu dir zu stehen.

Allmächtiger Gott, auf dich wollen wir bauen. Dir sei Lob und Ruhm und Ehre heute und in Ewigkeit.

Besinnung nach der Kommunion

Der Herr hat dieses Sakrament seinen Jüngern geschenkt,
also Menschen, die ihm nachfolgten
und auf ihn ihr Leben bauten.
Er wusste, wie sehr sie seine Kraft
und seine Gemeinschaft brauchten,
um seiner Sendung treu zu bleiben
und ihren Weg zu Ende zu gehen.

Und was damals galt, ist auch heute gültig.
Darum hat er auch uns an seinen Tisch geladen
und uns seine Kraft
und seine Gemeinschaft geschenkt.

Schlussgebet *(Vgl. MB)*

Gott, unser Herr,
mit dem heiligen Athanasius
bekennen wir die wahre Gottheit
deines menschgewordenen Sohnes.
Stärke durch dieses Sakrament unseren Glauben
und festige unsere Liebe,
damit wir uns als deine Kinder erweisen
durch Christus, unseren Herrn.

Hl. Philippus und hl. Jakobus Apostel, F

L: 1 Kor 15,1-8; Ev: Joh 14,6-14

Einführung

Wir feiern das Fest der Apostel Philippus und Jakobus des Jüngeren. Beide haben den Ruf des Herrn nicht nur vernommen, sondern angenommen. Sie sind in seine Lebensgemeinschaft eingetreten und ihm nachgefolgt. Beide haben Jesus nach seiner Auferstehung unter Einsatz ihres Lebens bezeugt und das Evangelium verkündet. – Heute ist die Reihe an uns, den Menschen Christus zu bezeugen und ihnen seine Botschaft weiterzugeben, damit alle durch Christus zum Heil kommen. – *Stille*

Kyrie-Rufe

Herr Jesus Christus,
du bist für unsere Sünden gestorben.
Du bist der Weg zum Vater.
Durch dich sind wir gerettet.

Tagesgebet

Gütiger Gott,
die Apostel Philippus und Jakobus
durften deinen Sohn auf Erden
von Angesicht zu Angesicht erleben,
und er hat ihnen das Apostelamt anvertraut.
Lass auch uns die Gemeinschaft deines Sohnes suchen
und, von ihm gesandt,
dem Kommen deines Reiches dienen
durch ihn, Jesus Christus.

Fürbitten

Um den Herrn haben wir uns versammelt, ihn wollen wir bitten:
- Lass deine Kirche die Einstellungen und die Bedürfnisse der Menschen erkennen, damit sie ihnen jederzeit so begegnen kann, wie sie verstanden werden und ihre Hilfe angenommen werden kann.

- Schenke denen, die dem Glauben fern stehen, Begegnungen mit glaubwürdigen Zeugen deiner Botschaft, damit sie dich mit neuen Augen zu sehen lernen.
- Ermutige junge Menschen dazu, dir mit offenem Herzen nachzufolgen und ihr Leben in deinen Dienst zu stellen.
- Gib uns deinen Geist, der uns das Wesentliche unseres Glaubens von Nebensächlichem und von nur menschlicher Tradition unterscheiden lässt.

Denn du, Vater, schenkst uns Freude auf deinen Wegen. Dich wollen wir ehren im Heiligen Geist durch Christus, unseren Herrn.

Besinnung nach der Kommunion

Lebensgemeinschaft hat Jesus Christus
seinen Aposteln geschenkt.
So konnten sie von seiner Art zu leben
und von der Lehre, die er ihnen gab,
selber zu leben lernen.
Seine Lehre hat er uns hinterlassen
und seine Gemeinschaft schenkt er uns
in diesem heiligen Mahl.
So können auch wir,
wenn wir uns öffnen
für seine Gemeinschaft und seine Lehre,
von ihm zu leben lernen.

Schlussgebet

Großer Gott,
unergründlich bist du
und doch uns jederzeit nahe.
In der heiligen Kommunion hast du uns
mit Jesus Christus, deinem Sohn verbunden.
Lass uns die Gemeinschaft mit ihm bewahren,
damit wir mit den Aposteln Philippus und Jakobus
ihm einmal in der Herrlichkeit deines Reiches begegnen
durch ihn, Christus, unseren Herrn.

Hl. Florian Märtyrer, und heilige Märtyrer von Lorch g

L: Offb 12,10-12a; Ev: Mt 10,17-22

Einführung

Der hl. Florian war römischer Beamter in Lorch an der Enns. Unter Kaiser Diokletian setzte Anfang des 4. Jahrhunderts jedoch wieder eine starke Welle der Christenverfolgung ein. Als Florian sich für die Christen einsetzte, wurde er gefangengenommen und schließlich in der Enns ertränkt. Über seinem Grab stehen heute Kirche und Stift St. Florian. Bei Grabungen entdeckte man die Gebeine von 40 weiteren Märtyrern aus dieser Zeit. – Wir wollen an die vielen Christen denken, die heute in verschiedenen Ländern ihres Glaubens wegen verfolgt oder unterdrückt werden. Sie alle erleben hautnah wie der hl. Florian die Ankündigung des Herrn, dass sie um seinetwillen vor Gericht gezerrt und dem Tod ausgeliefert werden. – *Stille*

Kyrie-Rufe

Herr Jesus Christus,
du hast Leid und Kreuz auf dich genommen.
Du hast *die* selig genannt, die um deinetwillen verfolgt werden.
Du bist die Hoffnung und der Lohn derer, die dir die Treue halten.

Tagesgebet

Heiliger starker Gott,
du hast dem heiligen Florian und seinen Gefährten
die Kraft geschenkt,
den Glauben an Christus
auch im Leiden zu bezeugen.
Gib auch uns den Mut,
uns tapfer zu dir zu bekennen
durch Jesus Christus.

Fürbitten

Zu Christus, der durch sein Sterben auch für uns den Tod überwunden hat, wollen wir beten:

- Für die Christen, die in unserer Zeit wegen ihres Glaubens benachteiligt oder verfolgt werden: dass sie durch den Beistand des Heiligen Geistes dir treu bleiben.
- Für jene, die in unserer Gesellschaft Ansehen haben: dass sie ihren Einfluss zum Wohl der Bedrohten und Schwachen einsetzen.
- Für alle, in denen das Feuer des Glaubens erloschen ist: dass dein Heiliger Geist ihren Glauben neu entfache.
- Für die jungen Menschen (in unserer Pfarrgemeinde): dass sie Christen erleben, die ihr Leben nachahmenswert aus dem Glauben gestalten.

Gott, du schenkst deinen Treuen rettenden Sieg jenseits des Todes.
Gepriesen sei deine Macht und Herrschaft in Ewigkeit.

Besinnung nach der Kommunion

Der Glaubende vertraut sich Gott
ohne Vorbehalt an.
Er rechnet mit der Liebe Gottes
ganz selbstverständlich,
denn Gott ist für ihn
eine feste Größe, die letzte Sicherheit,
wenn alle menschliche Sicherheit verloren geht.
Gottes Liebe zu uns bleibt,
wenn uns alles andere zerfällt.

Schlussgebet

Großer und barmherziger Gott,
von dir haben wir die Speise des Lebens empfangen,
von dir kommt die Kraft in unserer Schwachheit.
Schenke uns den Mut,
heute und alle Tage
für dich Zeugnis abzulegen
durch Christus, unseren Herrn.

Hl. Godehard Bischof, g

L: Röm 12,1-6a.9-11; Ev: Lk 9,57-62

Einführung

Der hl. Godehard lebt an der Wende des 1. Jahrtausends, war zunächst Abt in Niederaltaich, reformierte mehrere Klöster und führte sie zu neuer Blüte, ehe er einer der bedeutendsten Bischöfe von Hildesheim wurde. Dort waren ihm neben dem Kirchenbau die Sorge um Kinder und Jugendliche sowie die Ausbildung künftiger Priester besondere Anliegen. Mit klarer Reformlinie und Festigkeit stellte er sich den Aufgaben eines Bischofs. Er starb am Christi Himmelfahrtstag, als man gerade die Antiphon sang: »Ich gehe hinauf zu meinem Vater und zu eurem Vater, zu meinem Gott und eurem Gott.« So hat er im Sterben noch den ihm Anvertrauten und uns allen das Ziel gewiesen, das wir nicht aus den Augen verlieren dürfen. – *Stille*

Kyrie-Rufe

Herr Jesus Christus,
du mahnst uns, uns nicht der Welt anzugleichen, sondern den Willen Gottes zu suchen.
Du mahnst uns, mit unseren Gaben einander zu dienen.
Du mahnst uns, in Liebe das Gute zu tun.

Tagesgebet

Herr und Gott,
der heilige Godehard hat sich
mit allen Fasern seines Herzens
in die Nachfolge deines Sohnes gestellt
und das Leben deiner Kirche erneuert.
Schenke auch uns Beständigkeit in deinem Dienst
aus Liebe zu dir und den Menschen
durch Jesus Christus.

Fürbitten

Christus, der den hl. Godehard in seine Nachfolge gerufen hat, lädt auch uns ein, ihm zu folgen. Wir bitten ihn:

- Für die Bischöfe unseres Landes und alle Gläubigen: dass sie in dir, dem einen Herrn, verbunden sind und der Welt Zeugnis deiner Liebe geben.
- Für die Mönche in den benediktinischen Klöstern: dass sie Meinungsverschiedenheiten in Wahrheit und Liebe zu klären versuchen.
- Für alle, die auf Hilfe anderer angewiesen sind: Richte sie aus ihrer Not auf und lass sie Mut und Zuversicht gewinnen.
- Für unsere Pfarrei: dass wir unser Gemeindeleben im Licht des Evangeliums überprüfen und zu erneuern imstande sind.

Gott, du willst allen Menschen dein Heil schenken. Dir sei Lob und Ehre in Ewigkeit.

Besinnung nach der Kommunion

Unser Gottesdienst und unser Leben
sollen Antwort sein auf das,
was Gott durch Christus getan hat.
Ihm, der sich für uns zum Opfer gemacht hat,
sollen wir uns mit Leib und Seele schenken.
Dann werden wir erfahren,
dass wir selbst die Beschenkten sind,
wie wir es in der Kommunion erfahren haben.
Denn indem wir uns an ihn verlieren,
gewinnen wir ihn selbst.

Schlussgebet

Herr, unser Gott,
du hast uns den Leib (und das Blut) Christi gereicht.
Bewahre uns in der Einheit mit Christus,
damit wir wie der heilige Bischof Godehard
dir und deinem Wort freudig dienen,
für die Menschen an unserem Weg zum Segen werden
und einst das ewige Glück bei dir erlangen
durch Christus, unseren Herrn.

Hl. Nereus und hl. Achilleus Märtyrer, g

L: Offb 7,9-17; Ev: Mt 10,17-22

Einführung
Als Soldaten im Heer des römischen Kaisers bekehrten sich die heiligen Nereus und Achilleus zum christlichen Glauben und wurden dafür getötet. Im 4. Jahrhundert erbauten die Christen über ihren Gräbern in der Domitillakatakombe eine Basilika, unmittelbar am heutigen Eingang zur Katakombe. Sie haben Christus erkannt und haben sich zu ihm bekannt. Ihm nachfolgend wurden sie hingerichtet – in dem Vertrauen, dass er ihnen beim Vater einen Platz vorbereitet hat und sie in seine Herrlichkeit hinein retten wird. – Wir wollen beten, dass auch unser Glaube das Bekenntnis nicht scheut und vom Vertrauen auf den rettenden Gott getragen sei. – *Stille*

Kyrie-Rufe

Herr Jesus Christus,
du bist der Weg, die Wahrheit und das Leben.
Wir sind gerufen, uns zu dir zu bekennen.
Du schenkst den Glauben und das Vertrauen.

Tagesgebet *(Vgl. MB)*

Allmächtiger Gott,
die heiligen Nereus und Achilleus
haben dich bis in den Tod
mutig als ihren Herrn und Gott bekannt.
Stärke unseren Glauben und unsere Treue,
damit auch wir immer bei dir bleiben
bis an unser irdisches Ende
durch Jesus Christus.

Fürbitten

Herr Jesus Christus, durch dich können wir zum Vater kommen. Darum bitten wir dich:

- Für alle Menschen, die nach dem Weg für ihr Leben suchen: dass sie dich finden.
- Für alle, die wegen ihres Glaubens Hass und Verfolgung erleiden: Stärke ihren Glauben, ihre Hoffnung und ihre Liebe.
- Für jene, die um einen Menschen trauern: Schenke ihnen Vertrauen in dein Wort, dass die Verstorbenen in dir die Fülle des Lebens gewinnen.
- Für uns selber: Gib uns Mut zum Glaubensbekenntnis und Liebe auch zu denen, die uns nicht verstehen.

Du, Gott, bist die Liebe und das Leben. In dir sind wir alle geborgen. Sei gepriesen in Ewigkeit.

Besinnung nach der Kommunion

Viele Wege werden uns empfohlen,
viele Wege können wir gehen,
manche Irrwege sind wir schon gegangen,
Sackgassen waren darunter und Umwege.
Du sagst uns, Herr: »Ich bin der Weg
und die Wahrheit und das Leben.«
Du bist der Weg zum Vater,
der Weg zum Leben in Fülle.
Dank sei dir, Herr,
dass es dieses Leben gibt
und den Weg.

Schlussgebet

Heiliger unsterblicher Gott,
du hast uns das Brot des Lebens gereicht
und in Christus zu einem Leib verbunden.
Verleihe uns Standhaftigkeit im Glauben
und in der Liebe zu dir,
denn du hast uns zuerst geliebt
durch Christus, unseren Herrn.

Hl. Pankratius Märtyrer, g

L: Offb 19,1.5-9a; Ev: Mt 11,25-30

Einführung

Der hl. Pankratius ist ein Beispiel dafür, welche Begeisterung für Christus ein junger Mensch entwickeln kann. Als Junge kam er aus Phrygien nach Rom, bekam Kontakt zu den Christen, ließ sich taufen und schloss tiefe Freundschaft mit Christus. Doch im Alter von erst 14 Jahren wurde er im Jahr 304 enthauptet, weil er nicht bereit war, seinen Glauben an Christus zu verleugnen. – Für uns kann sein Gedenktag Anregung sein, darüber nachzudenken, wie es um unsere Begeisterung für Christus, um unsere Freundschaft mit ihm bestellt ist. Denn mit den Jahren kann manche Freundschaft, die nicht gepflegt wird, erkalten, aus Begeisterung kann Routine werden. – *Stille*

Kyrie-Rufe

Herr Jesus Christus,
dein ist die Macht und die Herrlichkeit.
Dir gebührt all unser Lobpreis.
Du bist Herr über Zeit und Ewigkeit.

Tagesgebet

Herr, unser Gott,
der heilige Märtyrer Pankratius
hat sich in allen Drohungen zu dir bekannt
und hat dir bis in den Tod die Treue gehalten.
Stärke unseren Mut,
damit wir für dich Zeugnis geben können,
und schenke uns Zuversicht
aus der Hoffnung auf unsere Zukunft bei dir
durch Jesus Christus.

Fürbitten

Wir wollen zu Christus beten, der uns mit seiner Liebe umfängt und um uns besorgt ist:

- Für alle, die in totalitären politischen oder religiösen Systemen leben: um Befreiung von politischem und geistigem Zwang.
- Für die jungen Christen: um Menschen, die in ihnen Begeisterung für dich und Freundschaft mit dir wecken.
- Für alle, die voller Ängste und Zweifel stecken: um Offenheit und Bereitschaft, sich dir anzuvertrauen.
- Für uns selber: um Mut und Einsatzbereitschaft für dein Reich in unserer Pfarrgemeinde.

Gott, du bist der Freund der Menschen, du meinst es auch dann noch gut mit uns, wenn wir versagt haben. Dich wollen wir rühmen und preisen in Ewigkeit.

Besinnung nach der Kommunion

Wir waren eingeladen zum Hochzeitsmahl des Lammes,
des Christus, der sich für uns zum Opferlamm gemacht hat.
Er ward geschlachtet – und lebt.
Besiegt ist der Tod,
das Leben hat sich durchgesetzt.
Er hatte ja gesagt »Ich bin das Leben« (vgl. Joh 14,6).
Das Leben kann ihm nicht genommen werden,
aber er schenkt es weiter an uns,
an alle, die von diesem Brot essen,
damit wir alle leben in Ewigkeit.

Schlussgebet

Großer und ewiger Gott,
der heilige Pankratius war voll Freude,
da er dich gefunden hatte,
und niemand konnte ihn mehr von dir lösen.
Gib auch uns Dankbarkeit für unseren Glauben
und Freude über das,
was wir durch ihn gewonnen haben,
durch Christus, unseren Herrn.

Hl. Johannes Nepomuk Priester, Märtyrer, g

L: Weish 5,1-5; Ev: Mt 10,28-33

Einführung

Wenn wir uns zur heiligen Messe versammeln, bringt jeder von uns seine großen und kleinen Sorgen mit. Ob sie alle wichtig sind? Ob wir nicht manche in unserer Phantasie vergrößern? Großen Raum in unserem Leben nimmt das Sorgen um den Leib und das irdische Wohlergehen ein. Vergessen wir dabei nicht leicht die wichtigere Sorge um das ewige Leben, das Bekenntnis zum Herrn? – Der Tagesheilige, Johannes Nepomuk, hatte die Wahl zwischen der Besorgnis um das eigene Wohlergehen und mutigem Eintreten für die Kirche. Der Prager Generalvikar ist trotz grausamer Folterung standhaft geblieben und wurde 1393 auf Weisung König Wenzels in der Moldau ertränkt. – Die Märtyrer der Kirche sind dem Anschein nach Verlierer gegenüber den Mächtigen der Welt. Aber der *All*mächtige ist der letzte Richter und Belohner aller. – *Stille*

Kyrie-Rufe

Herr Jesus Christus,
du hast dich vor den Menschen zum Vater bekannt.
Du bist deiner Sendung treu geblieben bis in den Tod.
Du wirst dich vor dem Vater zu denen bekennen, die sich auf Erden zu dir bekennen.

Tagesgebet *(Vgl. MB)*

Allmächtiger, ewiger Gott,
der heilige Johannes Nepomuk
hat die Rechte der Kirche
bis zur Hingabe seines Lebens verteidigt.
Gib auch uns den Mut,
für Gerechtigkeit und Wahrheit einzutreten
durch Jesus Christus.

Fürbitten

Zu Christus, der unsere Zukunft ist, wollen wir beten:

- Für unsere Brüder und Schwestern, die für ihren Glauben und die Treue zur Kirche leiden müssen.
- Für alle Menschen, die um ihrer Glaubens- und Gewissensüberzeugung Nachteile in Kauf nehmen müssen.
- Für unsere Priester, dass sie ihr Dienstamt aufrichtig und opferbereit erfüllen.
- Für die Gläubigen, dass sie alle das Bußsakrament dankbar schätzen und regelmäßig empfangen.
- Für uns alle, dass wir trotz Schwäche und Angst Glaubenszeugnis vor den Menschen ablegen.

Du, unser Herr und Gott, bist die Kraft der Deinen. Dir sei Ruhm und Preis in Ewigkeit!

Besinnung nach der Kommunion

Tagaus, tagein bin ich beschäftigt
in Sorge um irdische Dinge.
Das muss sein,
ich bin verantwortlich für Leib und Leben.

Aber ich darf nicht so daran hängen,
dass ich dich dabei vergesse.
Auch die Seele soll leben,
soll frei und froh atmen können.
Was nützt ein gepflegter und trainierter Leib,
wenn die Seele krank oder hungrig ist,
wenn Geist und Herz verdorben sind?

Du, Herr, bist meine Nahrung
für Leib und Seele, für Geist und Herz.
In dir bin ich geborgen.
Ich danke dir für deine Sorge um mich:
Du bist bei mir!

Schlussgebet

Herr, unser Gott,
du hast uns im heiligen Sakrament gestärkt,
damit wir nicht feig und träge werden.
Erneuere unseren Glauben und unsere Liebe,
damit wir uns als deine Söhne und Töchter bewähren
durch Christus, unseren Herrn.

Hl. Johannes I. Papst, Märtyrer, g

L: Offb 3,14b.20-22; Ev: Lk 22,24-30

Einführung

Der hl. Papst Johannes war im 6. Jahrhundert Bischof von Rom. Damals regierte der Ostgotenkönig Theoderich von Ravenna aus über Italien. Der Papst sollte seine Autorität und seine Diplomatie einsetzen, um in religiösen Angelegenheiten zwischen Theoderich und dem oströmischen Kaiser zu vermitteln. Nach erfolgloser Rückkehr aus Konstantinopel nahm ihn Theoderich gefangen, nach wenigen Tagen starb der Papst an den Entbehrungen der Gefangenschaft. – Niemand kann es allen recht machen, vielmehr müssen wir uns immer wieder entscheiden, wer wir sein wollen und wofür wir sein wollen. – *Stille*

Kyrie-Rufe

Herr Jesus Christus,
du Herr der ganzen Welt.
Du Diener der Menschen.
Du König im Reich des Vaters.

Tagesgebet

Gott,
der heilige Papst Johannes
hat dir in deiner Kirche gehorsam gedient
und das Martyrium erlitten.
Erleuchte durch den Heiligen Geist unseren Papst N.
und führe die Kirche auf deinen Wegen
durch Jesus Christus.

Fürbitten

Christus hat sich erniedrigt, um uns zu dienen. Zu ihm lasst uns rufen:

- Für alle, die in Staat und Gesellschaft ein Amt innehaben: um Einsicht in die Grenzen von Einflussnahme und Machtausübung.
- Für unseren Papst N. und alle Bischöfe: um deinen Geist, der uns das Dienen lehrt.
- Für alle, die in Misserfolgen ihr Selbstwertgefühl zu verlieren drohen: um neues Selbstvertrauen aus dem Wissen um deine Wertschätzung.
- Für uns alle: um Zuversicht und Gottvertrauen in den Prüfungen, die uns im Leben gestellt werden.

Allmächtiger Gott, vor dir muss jeder von uns sein Tun verantworten. Denn du bist der Herr von Ewigkeit zu Ewigkeit.

Besinnung nach der Kommunion

Wir haben in dieser Stunde
dem Herrn unsere Türe geöffnet.
So ist er eingetreten
und hat mit uns Mahl gehalten.
Und wir haben mit ihm
und miteinander gefeiert.
Welches Feiern wird das sein,
wenn er am Ende der Zeit kommen
und uns zum Feiern in seinem Reich rufen wird?
Dann will er selbst uns bedienen,
wenn wir jetzt einander dienen.

Schlussgebet

Heiliger Gott,
beim Gedenken an den heiligen Papst Johannes
hast du uns im Sakrament deine Nähe geschenkt
und für unseren Lebensweg gestärkt.
Erhalte unsere Bereitschaft,
stets so zu leben,
dass wir am ewigen Festmahl
in deinem Reich teilnehmen können
durch Christus, unseren Herrn.

Hl. Bernhardin von Siena

Ordenspriester, Volksprediger, g

L: Apg 4,8-12; Ev: Lk 9,57-62

Einführung

Der hl. Bernhardin von Siena gehört zu den großen franziskanischen Volkspredigern des ausgehenden Mittelalters. In die Mitte aller Predigten stellte er Jesus Christus und ein Leben nach seinen Worten. Dazu gehörte für ihn der kompromisslose Einsatz für die Armen und Kranken und das stete Bemühen, Frieden zu stiften. Er selbst hatte sein Studium unterbrochen, um Pestkranke zu pflegen, und lebte in äußerster Bedürfnislosigkeit um der Armen willen. Zwischen Parteien und Städten Italiens war er immer wieder bemüht, Frieden herzustellen. – Auch wir wollen Jesus nachfolgen. Die Verantwortung für Arme und Kranke, den Einsatz für Frieden hat Jesus uns allen übertragen. Wie gehen wir damit um? – *Stille*

Kyrie-Rufe

Herr Jesus Christus,
in dir allein finden wir Heil.
Du bist der Meister, bei dem wir lernen wollen.
Du bist der Lehrer, dem wir folgen wollen.

Tagesgebet

Gott,
du hast dem heiligen Bernhardin
große Liebe zu Jesus Christus geschenkt
und unermüdlichen Eifer, ihm nachzufolgen.
Wecke und erhalte auch in uns die Bereitschaft,
deinem Sohn in Wort und Tat nachzufolgen,
der in der Einheit des Heiligen Geistes
mit dir lebt und Herr ist in Ewigkeit.

Fürbitten

Zu Christus, der uns zum Vater führt, wollen wir beten:
- Hilf allen, die sich zu dir bekennen, zu einem Leben, das von Christus geprägt ist.
- Durchdringe alle, die dein Evangelium verkünden, mit deinem Geist, damit die Menschen von deiner Botschaft getroffen werden.
- Ermuntere alle, die sich für Arme und Kranke einsetzen, in den schweren Stunden ihres Dienstes.
- Bewahre die Kranken, Sterbenden und Notleidenden durch deine Liebe und deine Kraft vor Selbstaufgabe und Verzweiflung.
- Steh denen bei, die sich in ihrer näheren Umgebung und in der weiten Welt um Frieden bemühen, und segne ihr Wirken.

Dreieiniger Gott, du stehst zu uns und lässt uns nicht fallen. Dich wollen wir preisen heute und in Ewigkeit.

Besinnung nach der Kommunion

Jesus ruft uns an, ihm nachzufolgen.
Dafür gibt es kein Patentrezept.
Aber was sehen wir bei Jesus?
Immer gilt es, nach dem Willen des Vaters zu fragen.
Und daraus ergibt sich:
Für den da sein, der mich jetzt braucht.
Mich für den einsetzen, der sich selbst nicht helfen kann.
Und in allem das ewige Ziel für mich und die anderen
nicht aus dem Auge verlieren.

Schlussgebet

Gott und Vater,
der heilige Bernhardin war ganz durchdrungen
vom Geist Jesu Christi.
Die Gemeinschaft mit deinem Sohn,
die uns in dieser Stunde wieder geschenkt wurde,
möge nun unser Denken und Handeln bestimmen,
damit wir allen, mit denen wir leben,
von der Freude mitteilen können,
die uns in Christus geschenkt ist,
der mit dir und dem Heiligen Geist
lebt und Herr ist in Ewigkeit.

Hl. Hermann Josef Ordenspriester, Mystiker, g

L: Sir 42,15-21b; Ev: Mt 11,25-30

Einführung

Als 12-jähriger Junge kam der hl. Hermann Josef aus Köln zu den Prämonstratensern nach Steinfeld in die Schule. Bald entwickelte er eine auffallend innige Frömmigkeit. Der Eintritt in den Orden schien nur folgerichtig zu sein. Nach der Priesterweihe erwies er sich als Meister der Predigt und der geistlichen Begleitung derer, die sich ihm anvertrauten. Die Grundlage dafür, sich so engagiert den Mitmenschen zu widmen, bildete seine ganz persönliche Beziehung zu Gott. – Das kann auch für uns wichtig sein: Erkennen, dass nur der, der im Innersten Gott verbunden ist, auch die Menschen recht verstehen und ihnen raten kann. – *Stille*

Kyrie-Rufe

Herr Jesus Christus,
du hast uns Botschaft vom Vater gebracht.
Bei dir finden wir Ruhe im Getriebe des Alltags.
Von dir lernen wir Demut und Güte.

Tagesgebet

Barmherziger Gott und Vater,
du hast dem heiligen Hermann Josef
tiefe geistliche Erfahrung geschenkt
und ihn zum Berater vieler werden lassen.
Gib auch uns deinen Heiligen Geist,
damit wir dir immer näher kommen
und in Einheit mit dir
unsere Aufgaben erfüllen
durch Jesus Christus.

Fürbitten

Gott kennt unsere tiefsten Sorgen und unsere innersten Wünsche und Sehnsüchte. Ihn wollen wir bitten:

- Für alle, die sich in ihrer Lebenspraxis von dir gelöst haben: Führe sie durch dein Evangelium und die Predigt zur Umkehr.
- Für alle, die bestellt sind, heute dein Wort zu verkünden: Gib ihnen deinen Geist und eine Sprache, die verstanden wird.
- Für alle, die ihr Leben dir allein geweiht haben: Lass die Freude, die du schenkst, aus ihrem Leben strahlen und andere neugierig machen auf dich.
- Für alle, die rastlos durch ihre Tage hetzen: Mach ihnen Mut, sich Zeiten der Stille und der Begegnung mit dir zu gönnen.

Bei dir, Gott, finden wir immer ein offenes Ohr und ein verstehendes Herz. Dir wollen wir danken heute und in Ewigkeit.

Besinnung nach der Kommunion

Der Herr hat uns eingeladen,
bei ihm auszuruhen,
bei ihm zu verweilen.
Das Beisammensein mit ihm
schenkt dem Herzen Frieden.
Wenn wir in uns selbst
zur Ruhe und zum Frieden gekommen sind,
werden wir auch die anderen mit neuen Augen sehen,
und ihnen zur Seite stehen können,
wo sie uns brauchen.

Schlussgebet

Gütiger Gott,
du hast unseren Hunger gestillt
durch dieses Sakrament und durch dein Wort.
Gib uns täglich den Hunger,
der uns die Einheit mit dir suchen lässt,
und den Hunger nach Frieden und Gerechtigkeit,
der uns für eine bessere Welt wirken lässt
durch Christus, unseren Herrn.

Hl. Beda der Ehrwürdige

Ordenspriester, Kirchenlehrer, g

L: 1 Kor 2,10b-16; Ev: Mt 7,21-29

Einführung

Der hl. Beda der Ehrwürdige war angelsächsischer Benediktiner an der Schwelle von der Antike zum Mittelalter. Er widmete sein Leben hauptsächlich dem Studium und der Lehre der Heiligen Schrift. Welche Erkenntnis und Weisheit die Menschen in seinen Predigten und Schriften fanden, drückten sie in dem Beinamen aus, den sie ihm gaben: »der Ehrwürdige«, und noch mehr in der Inschrift auf seiner Grabplatte, mit ihm sei »eine Leuchte für die ganze Welt aufgegangen«. – So Großes wollen wir für uns nicht beanspruchen. Aber dass auch wir anderen Menschen Leuchte sein können in den Dunkelheiten ihres Lebens, dürfen wir nicht vergessen. – *Stille*

Kyrie-Rufe

Herr Jesus Christus,
du bist der Fels, auf den wir unser Leben bauen.
Du bist unserem Geist eine Leuchte.
Du schenkst uns Orientierung und Halt.

Tagesgebet

Allwissender Gott,
du hast dem heiligen Beda
große Weisheit und Frömmigkeit geschenkt.
Wecke auch in uns Sehnsucht nach Erkenntnis
und Eifer im Glauben,
damit wir auf dem Weg zu dir vorankommen
durch Jesus Christus.

Fürbitten

Zu Gott, in dem unser Leben zur Vollendung kommen will, lasst uns beten:

- Für die Mönche und Nonnen, die nach der Regel des hl. Benedikt leben: Schenke ihnen in ihrer gottgeweihten Lebensform innere Einheit mit dir und gefestigte Gemeinschaft untereinander.

- Für die Kirche in England: Stärke sie mit deinem Beistand für ein segensreiches Wirken an den Menschen.
- Für alle, die dir noch fernstehen: Öffne ihr Herzen, sich unvoreingenommen auf dich und dein Wort einzulassen.
- Für uns selber: Mach uns hellhörig für deinen Willen und gib uns Eifer, ihn in die Tat umzusetzen.

Guter Gott, dich wollen wir preisen, dein Lob wollen wir rühmen heute und in Ewigkeit.

Besinnung nach der Kommunion

Wir hören so viele Worte,
beachten so viele Stimmen.
Geben sie unserer Meinung recht,
dann finden wir sie gut, weil wir uns bestätigt fühlen.

Der Herr sagt: »Wer meine Worte hört
und danach handelt, ist wie ein kluger Mann …« (Mt 7,24).
Seine Worte geben unserer Meinung nicht immer recht.
Würde Gottes Wort uns nur immer bestätigen,
wäre es überflüssig.

Ein kluger Mensch ist bereit, von Gott zu lernen.
Und wir?

Schlussgebet

Ewiger und heiliger Gott,
du sorgst dich um uns und um unsere Zukunft.
Darum hast du uns deinen Sohn gesandt
und uns in ihm das Brot des Lebens gereicht.
Wir danken dir für deine Sorge um uns
und bitten dich:
Lass uns mit dir vereint
uns um unsere Brüder und Schwestern sorgen
durch Christus, unseren Herrn.

Hl. Gregor VII. Papst, g

L: Apg 20,17-18a.28-32.36; Ev: Mt 16,13-19

Einführung

Der hochbegabte Mönch Hildebrand konnte seinen Wunsch, als Benediktiner in der Reformabtei Cluny zu leben, nicht lange verwirklichen. Nacheinander musste er mehreren Päpsten als Sekretär dienen. Als er schließlich 1073 selbst zum Papst gewählt wurde, nahm er als Gregor VII. die innere Reform der Kirche und ihre Befreiung von den Bevormundung des Kaisers kraftvoll in die Hand. Doch er zog den Kürzeren und starb in der Verbannung. Seine Reformideen haben sich aber durchgesetzt und die Kirche von der Bevormundung durch staatliche Interessenträger befreit und ihre Integrität gefördert. – Auch wir erleben, dass unsere guten Pläne und Ziele nicht immer zur Verwirklichung kommen. Entscheidend aber ist, dass wir dabei nicht verbittert werden und nicht resignieren. – *Stille*

Kyrie-Rufe

Herr Jesus Christus,
du Sohn des lebendigen Gottes.
Du Haupt deiner Kirche.
Du Herr unseres Lebens.

Tagesgebet

Gott, unser Herr,
du hast den heiligen Papst Gregor gerufen,
sich mit Mut und Überzeugung
für eine Reform der Kirche einzusetzen.
Erneuere deine Kirche auch heute und immer wieder,
damit sie ihrer Sendung durch dich gerecht werden kann,
durch Jesus Christus.

Fürbitten

Zu Christus, dem Haupt der Kirche, wollen wir beten:

- Für unseren Papst N. und unseren Bischof N.: Rüste sie mit deinem Geist aus, damit sie ihre Verantwortung für dein Volk nach deiner Maßgabe wahrnehmen.

- Für die Gläubigen, die durch eine Staatsmacht an der Ausübung des Glaubens behindert werden: Gib ihnen rechte Klugheit und Treue zu dir und deiner Kirche.
- Für alle, die heute in bester Absicht deine Kirche erneuern wollen: Bewahre sie vor Ungeduld und lass sie in allem nach *deinen* Plänen und Absichten fragen.
- Für alle, die auf andere angewiesen sind: Lass sie Verlässlichkeit und Treue erfahren und bewahre sie vor Selbstmitleid und Ungeduld.

Dir, Gott, sei Ruhm und Dank. Sei gepriesen in Ewigkeit!

Besinnung nach der Kommunion

Für wen wir Jesus halten,
das ist die entscheidende Frage,
an der sich unser Lebensweg entscheidet.
Wir sagen: Er ist der Christus,
der Sohn des lebendigen Gottes.
Wenn wir das wirklich glauben,
dann bringen wir uns in Schwierigkeiten,
denn dann müssen wir uns von ihm
in unser Leben dreinreden lassen,
dann muss er die Richtung bestimmen dürfen,
dann müssen wir uns nach ihm orientieren.
Gestehen wir es ihm zu –
oder bekennen wir uns nur mit den Lippen zu ihm?

Schlussgebet

Herr, unser Gott,
ohne Rücksicht auf sich selbst und seinen Vorteil
hat der heilige Gregor
dir in deiner Kirche zu dienen versucht.
Befreie uns von Wehleidigkeit
und Streben nach Eigennutz,
damit wir in allem deinen Willen zu erkennen
und in die Tat umzusetzen vermögen
durch Christus, unseren Herrn.

Hl. Maria Magdalena von Pazzi Ordensfrau, g

L: 1 Kor 7,25-35; Ev: Mk 3,31-35

Einführung

Die hl. Maria Magdalena von Pazzi, Karmelitin in Florenz, war eine ungewöhnliche Frau, mit mystischen Gotteserfahrungen und prophetischen Gaben begnadet. Ihre mystische Vereinigung mit dem Herrn bedeutete aber auch Teilhabe am Leiden. »Leiden, nicht sterben«, ist eines ihrer visionären Worte. Es zeigt, dass sie in den Jahren schlimmen Leidens getragen war von tiefem Gottvertrauen und von der Gewissheit der Auferstehung. – Das Vertrauen auf den Herrn und die Hoffnung auf unvergängliche Vereinigung mit ihm hilft auch uns, schwere Zeiten durchzustehen. – *Stille*

Kyrie-Rufe

Herr Jesus Christus,
du hast uns deine Freunde genannt.
Du hast für uns Leiden und Tod erduldet.
Du willst uns ewige Gemeinschaft mit dir schenken.

Tagesgebet

Gott,
du hast der heiligen Maria Magdalena von Pazzi
solche Liebe geschenkt,
dass sie imstande war,
sich ganz dir zu überlassen
und den Menschen zu dienen.
Gib, dass auch wir in der Liebe wachsen und reifen
und so deinem Sohn ähnlich werden,
Jesus Christus,
der in der Einheit des Heiligen Geistes
mit dir lebt und Herr ist in Ewigkeit.

Fürbitten

Wir wollen uns der unendlichen Liebe Gottes anvertrauen und ihn bitten:

- Für alle, die im Getriebe von Beruf und Freizeit die Frage nach dir in sich unterdrücken und ersticken.
- Für deine Kirche, die deine Liebe verkünden und in der eigenen Gemeinschaft verwirklichen soll.
- Für alle, die dich suchen, aber nicht den Mut aufbringen, sich ohne Vorbehalt auf dich einzulassen.
- Für die Ordensfrauen, die ihr Leben der Hingabe an dich und an ihre Mitmenschen versprochen haben.

Dreifaltiger Gott, in dir sind wir geborgen in glücklichen und in leidvollen Stunden. Dir sei Lob und Dank in Ewigkeit.

Besinnung nach der Kommunion

Herr, wir leben auf der Erde.
Hier liegen unsere Aufgaben.
Und doch möchten wir mit dir leben,
ja, wir müssen mit dir leben,
denn nur von dir her verstehen wir recht,
was unsere Aufgabe auf der Erde ist.
Mit dir leben, bei dir sein –
und doch ganz fest auf der Erde stehen.
In der Gemeinschaft dieses Mahles
durften wir mit dir und bei dir sein,
weil du dich mit uns vereint hast.
Und wir verstehen,
dass wir jetzt wieder zurück müssen,
um auf der Erde zu sein.
Du selbst schickst uns dorthin,
die Erde ist unsere Aufgabe.

Schlussgebet

Ewiger Gott,
bei dir uns unsere Heimat und unser Ziel.
Steh uns bei der Bewältigung
unserer täglichen Aufgaben bei,
damit unser Dienst in der Welt gelingt.
Doch bewahre uns davor,
dass wir uns an die vergänglichen Dinge so binden,
dass wir dich dabei verlieren.
Darum bitten wir durch Christus, unseren Herrn.

Hl. Philipp Neri Priester, G

L: Phil 4,4-9; Ev: Joh 17,20-26

Einführung

Der hl. Philipp Neri war eine außergewöhnliche Gestalt im Rom des 16. Jahrhunderts, eine führende Persönlichkeit der Gegenreformation. Nachdem er bereits viele Jahre apostolischer Arbeit hinter sich hatte, ließ er sich mit 36 Jahren zum Priester weihen. Während er selbst in äußerster Bedürfnislosigkeit, Gebet und Buße lebte, war er überall dort, wo es Menschen gab, um auf öffentlichen Plätzen zu predigen und Gespräche zu führen, in Spitälern Kranke zu besuchen, mit Kindern und Jugendlichen Spiel und Sport zu treiben, sie zu unterweisen und für sie Lieder zu komponieren, wobei ihm der Humor nicht ausging. Zur größeren Effizienz der Seelsorge gründete er die Priestergemeinschaft der Oratorianer. Freund und Berater von Päpsten und Kardinälen, lehnte er selbst es ab, Kardinal zu werden. Er wurde zum großen Apostel Roms, wo man ihn den »guten Philipp« und den »lachenden Heiligen« nannte.

Kyrie-Rufe

Herr Jesus Christus,
du bist der Grund unserer innersten Freude.
Du willst uns in der Gemeinschaft mit dir bewahren.
Du willst mit deiner Liebe in uns sein.

Tagesgebet *(Vgl. MB)*

Gütiger Gott,
brennende Liebe beseelte das Leben
des heiligen Philipp Neri.
So konnte er Menschen begeistern
und für dich gewinnen.
Schenke auch uns Glauben und Liebe

wie er sie im Herzen trug,
und von der Heiterkeit,
die ihn zum Boten deiner Freude gemacht hat,
durch Jesus Christus.

Fürbitten

Zu Jesus Christus, der uns alle mit Freude erfüllen und auf ewig glücklich machen will, lasst uns beten:

- Schenke allen, denen in dieser Welt das Lachen vergangen ist, einen Funken Freude und Zuversicht.
- Befähige deine Kirche, den Menschen auch im grauen Alltag Begeisterung und Hoffnung zu vermitteln.
- Gib den Verkündern deiner Botschaft Gespür für den Hunger der Menschen nach Freude und Trost.
- Für uns selbst: Lass in unserem Leben die Freude des Glaubens und der Liebe über alle Sorgen siegreich bleiben.

Großer und ewiger Gott, du willst, dass wir eins sind mit dir und untereinander. Wir wollen dich rühmen in Ewigkeit.

Besinnung nach der Kommunion

Dass alle seine Jünger eins sind,
in der Einheit vollendet sind,
darum hat Jesus gebetet (vgl. Joh 17,21-24).
In diesem Mahl
hat er uns um sich versammelt
und uns daran erinnert,
dass er selbst der Grund und die Kraft
unserer Einheit ist.
Weil wir eins sind mit ihm
können wir auch eins sein untereinander.

Schlussgebet

Herr, unser Gott,
lass uns die Freude,
die wir an deinem Tisch spüren durften,
mit hinausnehmen in die Welt,
damit wir durch sie –
wie der heilige Philipp Neri –
Glauben stiften und Liebe wecken
unter den Menschen
durch Christus, unseren Herrn.

Hl. Augustinus von Canterbury

Bischof, Glaubensbote, g

L: 1 Thess 2,2b-8;Ev: Mt 9,35-38

Einführung

Am Ende des 6. Jahrhunderts sandte Papst Gregor der Große den Benediktiner Augustinus zusammen mit anderen Mönchen zur Missionierung der Angelsachsen aus. Als die fromme Gruppe unterwegs von der Wildheit der Inselbewohner erfährt, kehrt sie verängstigt nach Rom zurück. Doch der Papst schickt sie auf der Stelle wieder fort. Und ihre Botschaft fällt bei den Angelsachsen auf fruchtbaren Boden, ihre Mission wird zu einem großen Erfolg, Augustinus wird Erzbischof von Canterbury und kann bald noch weitere Bistümer gründen. – Kennen wir das nicht auch aus unserem Leben: Angst vor einer neuen Aufgabe, Angst vor unbekannten Menschen? Wenn wir mit Gott ans Werk gehen, dürfen wir darauf vertrauen, dass unsere Arbeit gute Früchte bringt. – *Stille*

Kyrie-Rufe

Herr Jesus Christus,
du sendest uns in die Welt, doch wir drücken uns aus Bequemlichkeit vor unseren Aufgaben.
Du sendest uns in die Welt, doch wir gehen deinem Auftrag aus Angst aus dem Weg.
Du sendest uns in die Welt, doch wir möchten uns lieber bedienen lassen als einander zu dienen.

Tagesgebet *(Vgl. MB)*

Gott, Vater aller Menschen und Völker,
durch die Predigt und das Gebet
des heiligen Augustinus von Canterbury
und seiner Mitarbeiter
hast du den Bewohnern Englands
das Licht und die Freude des Evangeliums geschenkt.

Lass dein Licht auch heute durch die Kirche strahlen
und viele Menschen mit der Freude erfüllen,
die der Glaube uns schenkt
durch Jesus Christus.

Fürbitten

Zu Gott, der uns oft auf scheinbar verschlungenen Wegen ans Ziel führt, wollen wir beten:

- Für alle, die heute im Dienst der Verkündigung stehen: Bewahre sie vor Verzagtheit und Mutlosigkeit.
- Für alle, die unbehütet und hilflos unter uns leben: Sende Menschen zu ihnen, die sich für sie als gute Hirten erweisen.
- Für alle, die als neue Heiden selbstgemachten Göttern dienen: Schenke ihnen Einsicht und hilf ihnen, zu dir und deiner Geborgenheit zu finden.
- Für alle, die ängstlich und verunsichert keinen neuen Anfang wagen: Mach ihnen Mut durch das Vertrauen auf dich und deine Wegbegleitung.

Gott, wem sollten wir vertrauen, wenn nicht dir! Dich wollen wir rühmen und ehren in Ewigkeit.

Besinnung nach der Kommunion

Die Menschen, zu denen Jesus kam,
waren müde und erschöpft (vgl. Mt 9,36).
Diesen Menschen sind wir sehr ähnlich,
geht es uns doch oft genauso,
vielleicht auch in dieser Stunde.
Die tägliche Arbeit, die täglichen Sorgen, der tägliche Ärger,
all das kann uns müde und kraftlos machen.
Doch der Herr kommt auch zu uns,
ist jetzt zu uns gekommen,
um uns bei sich ausruhen zu lassen,
uns seines Beistands zu versichern
und uns zu stärken für all das,
was heute und morgen auf uns wartet.
Weil der Herr bei uns ist und mit uns geht,
wissen wir, dass wir nicht untergehen.

Schlussgebet

Barmherziger Gott,
du hast uns bei dir verweilen lassen,
uns mit deinem Wort beschenkt
und im Sakrament unsere Verbindung mit Christus erneuert.
Geh nun mit auf unseren Wegen,
damit wir für alle, denen wir begegnen,
zum Segen werden können
durch Christus, unseren Herrn.

Hl. Justin Märtyrer, G

L: 1 Kor 1,18-25; Ev: Mt 5,13-19

Einführung

Der hl. Justin war ein Mensch, der mit Eifer die Wahrheit suchte. Er hoffte, sie in den philosophischen Lehren zu finden. Als er dann die christliche Lehre kennenlernte, sagte er, nun habe er die Wahrheit gefunden und ließ sich taufen. Unter seinen überlieferten Schriften befindet sich auch ein Bericht über den Ablauf der Messfeier im Rom des 2. Jahrhunderts. Seine Versuche, den christlichen Glauben in der antiken Welt zu verteidigen, endeten mit dem Martyrium unter Marc Aurel. – Wer ernsthaft nach der Wahrheit sucht, wird letztlich auch zu Gott finden. Das erhoffen wir nicht nur für uns selbst, sondern auch für all jene unserer Bekannten, die noch nicht zum Glauben gefunden haben. – *Stille*

Kyrie-Rufe

Herr Jesus Christus,
du machst uns zum Salz der Erde und zum Licht der Welt.
Du selber bist das wahre Licht, das jeden Menschen erleuchtet.
Dein Wort ist wahr und unvergänglich.

Tagesgebet

Gott,
der heilige Märtyrer Justin
hat in der Botschaft deines Sohnes die Wahrheit gefunden,
die sein Leben erleuchtete.
So wurde er zum mutigen Verteidiger des christlichen Glaubens.
Hilf auch uns,
deine göttliche Weisheit immer tiefer zu durchdringen
und im Glauben an dich fest verankert zu sein
durch Jesus Christus.

Fürbitten

Zu Jesus Christus, der den Glauben in uns begründet hat, wollen wir beten:

- Für *die* jungen Menschen, die ernsthaft nach der Wahrheit für ihr Leben suchen: dass sie zur rechten Zeit zu dir finden und an dich glauben.
- Für *die* Christen, die als Laien den Glauben verkünden und bezeugen: dass sie mit deiner Kraft erfüllt werden und nicht verzagen.
- Für jene, die sich aus Furcht oder Bequemlichkeit um gültige Entscheidungen drücken: dass sie Mut und Selbstüberwindung gewinnen.
- Für alle, die dem Tod ins Angesicht blicken: dass sie sich in deine Hände geben und deinen Frieden erfahren.

Ewiger Gott, du bist die Wahrheit und das Leben. Dich wollen wir preisen in Ewigkeit.

Besinnung nach der Kommunion

Wer sind wir?
Oder sind wir bald dieser und bald jener,
je nachdem, wie es die Umstände nahelegen!
Kann man uns festmachen,
klar auf ein bestimmtes Merkmal festnageln?
Der heilige Justin hat zu seinem Richter gesagt:
»Tu, was du willst, wir sind Christen!«

Schlussgebet

Gott, unser Vater,
du hast uns in dieser Feier
das Brot des Lebens gereicht.
Gib, dass wir wie der heilige Justin
für diese Speise dankbar sind
und durch ihre Stärkung
unseren Aufgaben gerecht werden
durch Christus, unseren Herrn.

Hl. Marcellinus und hl. Petrus Märtyrer, g

L: 2 Kor 6,4-10; Ev: Joh 17,6a.11b-19

Einführung

Die hll. Marcellinus und Petrus waren Christen im antiken Rom. In der Christenverfolgung unter Kaiser Diokletian wurden sie im Jahr 303 ermordet. Papst Damasus berichtet, den Henker der beiden persönlich gekannt zu haben. Sie hätten zuerst ihr eigenes Grab schaufeln müssen, ehe sie erschlagen wurden. Sie kannten die Ankündigung Jesu, dass sie als seine Jünger von der Welt gehasst würden. Aber sie kannten auch seine Verheißung ewigen Lebens im Reich Gottes. – *Stille*

Kyrie-Rufe

Herr Jesus Christus,
du willst, dass wir Zeugnis für dich geben. Wir aber hatten oft nicht den Mut dazu.
Wir tragen deinen Namen. Aber nicht immer leben wir danach.
Wir sind hart in der Kritik an anderen. Aber uns selbst zu bessern sind wir zu lau.

Tagesgebet

Herr, unser Gott,
die heiligen Marcellinus und Petrus
haben dir auch im Angesicht des Todes die Treue gehalten
und für ihren Glauben Zeugnis abgelegt.
Stärke auch uns in den Stunden,
da unser Bekenntnis gefordert ist,
damit wir deine Liebe nicht verraten.
Darum bitten wir durch Jesus Christus.

Fürbitten

Zu Christus, der selbst für die Seinen zum Vater gebetet hat, wollen wir rufen:

- Gib allen, die wegen ihres Glaubens verfolgt oder benachteiligt werden, deinen Beistand, sich im Leid zu bewähren.
- Stärke die jungen Christen, die von ihren Kameraden verlacht und verspottet werden, weil sie an dich glauben und dir dienen wollen.
- Wende den Sinn all derer, die Menschen anderen Glaubens missachten und ihnen das Leben schwer machen.
- Gib unserem eigenen Glauben Kraft und unserer Liebe Geduld und Zuversicht.

Herr, du bist ein Gott des Lebens. Du gibst uns Zukunft ohne Ende. Sei gepriesen heute und in Ewigkeit.

Besinnung nach der Kommunion

»Die Welt hat sie gehasst,
weil sie nicht von der Welt sind« (Joh 17,14).
Dieses Jesuswort ist auch heute erfahrbar.
Wer sich nicht dem Zeitgeist ausliefert,
wer alles gut findet, was die Welt gut findet,
wer dem Trend öffentlichen Meinung nicht zustimmt
wird angegriffen oder ins Abseits gestellt.
Und doch bleibt die Welt die Aufgabe des Jüngers,
der sich vom Geist des Herrn leiten lassen
und aus ihm sein Leben und die Welt gestalten will.

Schlussgebet

Herr, unser Gott,
in den eucharistischen Gaben
hast du uns mit deiner Liebe gestärkt.
Schenke uns ein starkes Herz,
das Angst und Feigheit überwinden kann
und uns aufrecht zu dir stehen lässt
durch Christus, unseren Herrn.

Hl. Karl Lwanga und Gefährten Märtyrer, G

L: 2 Makk 7,1-2.7a.9-14; Ev: Mt 5,1-12a

Einführung

Welche Kraft der Glaube, dass Gott ein Gott von Lebenden und nicht von Toten ist, Menschen zu geben vermag, zeigt das Martyrium des hl. Karl Lwanga und seiner 21 Freunde. Im 19. Jahrhundert standen sie als Pagen im Dienst des Königs von Uganda. Als Christen weigerten sie sich, den unsittlichen Wünschen des Königs zu entsprechen und wurden prompt eingekerkert. Auch die Haft konnte sie nicht umstimmen, Karl taufte sogar noch fünf Mitgefangene. Schließlich sprach der König das Urteil: Tod durch Verbrennen für Karl Lwanga und seine Freunde. Sie aber vertrauten auf Gott, der jenen, die ihm treu sind, das ewige Leben schenkt. – Wir können von diesen Heiligen lernen, in einer Gesellschaft, in der christliche Ethik nicht immer geschätzt wird, den Weisungen des Herrn treu zu bleiben. – *Stille*

Kyrie-Rufe

Herr Jesus Christus,
du nennst jene selig, die ein reines Herz haben.
Du stehst denen bei, die um deinetwillen verfolgt werden.
Du schenkst denen Zukunft, die dir die Treue halten.

Tagesgebet

Gott,
das Zeugnis der Märtyrer setzt Zeichen in unserer Welt.
Es bewegt unsere Herzen und zeugt neuen Glauben.
Wir bitten dich:
Lass das Wort deiner Boten und das Beispiel deiner Zeugen
reiche Frucht bringen auf dem afrikanischen Kontinent
durch Jesus Christus.

Fürbitten

Zu Christus, unserem Heiland, wollen wir rufen:

- Für die Regierenden in den afrikanischen Staaten: Bewahre sie vor Machtmissbrauch und gib ihnen Gedanken der Gerechtigkeit und des Friedens.
- Für deine Kirche in Afrika: Erhalte ihre Lebendigkeit und festige sie in der Liebe.
- Für alle, die um ihres Glauben willen Leid ertragen: Sei du ihnen Licht und Kraft.
- Für die jungen Christen: Gib ihnen Mut und Entschlossenheit, sich für die Werte des Glaubens einzusetzen.

Heiliger, starker Gott, deinen Namen wollen wir preisen im Heiligen Geist durch Christus, unseren Herrn.

Besinnung nach der Kommunion

Das Brot des Lebens haben wir empfangen,
Christus, den Herrn.
Der Lebendige lebt auch in uns.
Wir dürfen das Leben weiterreichen,
wenn wir die Schwachen stärken,
die Kraftlosen aufrichten,
den Enttäuschten Mut machen,
die Trauernden trösten,
die Hungernden speisen.

Schlussgebet

Herr, unser Gott,
in den Sakramenten
bist du die Lebenskraft deiner Zeugen.
Stärke auch unseren Glauben
und wecke in uns Liebe,
die alle Furcht überwindet,
durch Christus, unseren Herrn.

Hl. Bonifatius Bischof, Glaubensbote, Märtyrer, G

L: Apg 26,19-23; Ev: Joh 15,14-16a.18-20

Einführung

Das erste Jahrzehnt seines Priesterlebens widmete der angelsächsische Mönch Winfried der Wissenschaft. Den Rest seines Lebens widmete er der Missionsarbeit und der Organisation der Kirche bei den Stämmen Germaniens. Nach seinen eigenen Worten wollte er den Hohen und Niedrigen, Reichen und Armen, Jungen und Alten das befreiende Evangelium verkünden und allen ein treuer Hirte sein. Dabei zeichneten ihn Gottvertrauen, Unerschrockenheit und Organisationstalent aus. Viele Klöster und Bistümer in Deutschland verdanken ihm ihre Gründung. Bei der Friesenmission wurde der »Apostel Deutschlands« 754 erschlagen, im Dom zu Fulda wurde sein Grab errichtet. – Allen Zeugnis zu geben vom Evangelium und um alle in unserem Lebenskreis besorgt zu sein, wird auch uns möglich, wenn wir das nötige Gottvertrauen finden. – *Stille*

Kyrie-Rufe

Herr Jesus Christus,
du hast uns deine Freunde genannt.
Du hast uns dazu bestimmt, Frucht zu bringen.
Du hast uns gemahnt, an deinem Wort festzuhalten.

Tagesgebet

Herr, unser Gott,
in dankbarer Erinnerung
feiern wir das Fest des heiligen Bonifatius.
Bewahre und stärke unseren Glauben,
den er (in unserem Land) verkündet hat
und für den er gestorben ist,
durch Jesus Christus.

Fürbitten

Zu Christus, der auch uns erwählt hat, lasst uns beten:
- Für alle, die dich nicht kennen: Schenke ihnen Begegnung mit Menschen, die überzeugende Vermittler deiner Freudenbotschaft sind.
- Für die Kirche in unserem Land: Gib Amtsträgern und Laien deinen Geist, der sich die rechten Wege weist und die Einheit bewahrt.
- Für die Missionare in aller Welt: Öffne ihnen die Türen zu den Herzen der Menschen und lass sie deine Nähe erfahren.
- Für uns selber: Erhalte uns in deiner Freundschaft und stärke uns, wenn es nötig wird, uns auch unter Opfern für dich einzusetzen.

Allmächtiger Gott, im Vertrauen auf dich dürfen wir unsere Wege zuversichtlich gehen. Dir sei Lob und Dank in Ewigkeit.

Besinnung nach der Kommunion

Jesus hat damit begonnen,
die Freudenbotschaft Gottes
an uns Menschen zu verkünden.
Und seither geht Gottes Wort
unaufhaltsam durch die Welt,
verkündet von Menschen,
die sich von ihm gesandt wussten.
So kam das Evangelium auch zu uns
durch Menschen wie Bonifatius.
Und wie wird es weitergehen?
Wer vernimmt Gottes Ruf
und lässt sich senden,
die Nachricht des Friedens
und der Rettung zu bringen?
Haben wir Ohren zum Hören?
Ein Herz, um zu verstehen und zu lieben?
Einen Mund, um zu reden?

Schlussgebet

Barmherziger Gott,
erneuere durch diese heilige Speise
unsere Liebe zu dir
und unseren Einsatz für dich.
Wie du den heiligen Bonifatius
gesandt und gestärkt hast,
so steh auch uns bei
durch Christus, unseren Herrn.

Hl. Norbert von Xanten Ordensgründer, Bischof, g

L: Ez 34,11-16; Ev: Lk 14,25-33

Einführung

Der hl. Norbert von Xanten hatte in der Kirche rasch Karriere gemacht und führte als Domherr ein oberflächliches Leben. Mit etwa 33 Jahren krempelte er sein Leben um, zog als Bußprediger durch das Land, unterzog sich selbst harter Buße und setzte sich für eine Reform der Kirche ein. Bald schlossen sich ihm Schüler an; mit ihnen gründete er den Prämonstratenserorden, um den Menschen gute Prediger und Seelsorger zu geben. Später wurde er Erzbischof von Magdeburg. – Wir könnten sagen: Auch für uns ist es nie zu spät, umzukehren. Es gilt nur immer, uns für Gott offen zu halten. – *Stille*

Kyrie-Rufe

Herr Jesus Christus,
du willst jedem von uns nachgehen, um uns zum Vater zu führen.
Du suchst die Verlorenen und stärkst die Schwachen.
Du rufst uns auf, dir ernsthaft nachzufolgen.

Tagesgebet

Barmherziger Gott,
der heilige Bischof Norbert
war in der Nachfolge deines Sohnes
um das Heil der Menschen
und die Verkündigung deiner Botschaft besorgt.
Befreie uns von allem,
was unsere innere Freiheit behindert,
damit wir nach deinem Willen
den Menschen dienen können
durch Jesus Christus.

Fürbitten

Lasst uns zu unserem Lehrer und Hirten Jesus Christus rufen:

- Für *die* Menschen, die nur ihr eigenes Wohl und Vorwärtskommen im Sinn haben: Wecke in ihnen ein Gespür für ihre Verantwortung gegenüber den anderen und vor dir.
- Für deine Kirche: Rüttle in ihr Menschen auf, sich ganz und ungeteilt dem Apostolat und dem Dienst an den Menschen zu widmen.
- Für die Mitglieder des ~~Prämonstratenserordens und ihre Gemeinschaften:~~ Ordens Lass sie immer neu an den Intentionen des hl. Norbert Maß nehmen und zum Heil der Menschen wirken.
- Für uns selber: Lass uns erkennen, wozu du uns rufst, und mach uns bereit, dir zu folgen.

Gott, wir tragen dir unsere Bitten vor, weil wir auf dich vertrauen. Sei gerühmt und verherrlicht in Ewigkeit.

Besinnung nach der Kommunion

»Ich habe … gelernt, dass es nichts Besseres gibt,
als sich ganz an Gott hinzugeben«,
hat der hl. Norbert gesagt.
Lernen ist ein langer Prozess,
der sich nicht abkürzen lässt.

Herr, lass mich bei dir in die Lehre gehen,
damit ich wie der heilige Norbert von dir lernen kann.
Und gib mir Geduld mit mir selbst,
wenn mir dies Lernen schwer fällt
und ich keine Fortschritte sehe.

Ich weiß, du gibst mich nicht auf;
das macht mir Mut und Hoffnung.

Schlussgebet

Allmächtiger Gott,
du hast den heiligen Norbert zu Buße und unermüdlichen Hirteneifer geführt.
Du hast uns im Sakrament mit Christus vereint.
Festige unsere Einheit mit ihm,
damit wir sein Werk auf Erden weiterführen
und dir und den Menschen dienen
durch ihn, Christus, unseren Herrn.

Hl. Ephräm der Syrer Diakon, Kirchenlehrer, g

L: Kol 3,12-17; Ev: Lk 6,43-45

Einführung

Der hl. Ephräm aus Mesopotamien war im 4. Jahrhundert eine Säule der syrischen Kirche. Der Diakon wirkte als theologischer Lehrer und Prediger und dichtete Hymnen für den Gottesdienst. Auf Grund politischer Ereignisse verließ er seine Heimat und lebte die letzten zehn Jahre in einer Höhle. Aber auch dort fanden viele Menschen zu ihm, um von ihm Weisung und Rat zu bekommen. Er predigte gegen aufkommende Irrlehren. Als in der nahen Stadt Hunger und Krankheiten ausbrachen, gründete er ein Siechenhaus und zog selbst als Bettler durch die Stadt, um für die Armen Spenden zu sammeln. – Ephräm war ein Mann, der je nach Situation und Notwendigkeiten auftrat und handelte. Darin kann er uns Vorbild sein, dass auch wir jeweils erkennen, was die Stunde heute und morgen von uns verlangt. – *Stille*

Kyrie-Rufe

Herr Jesus Christus,
du hast uns Gottes Wahrheit gebracht.
Du hast denen, die im Unrecht waren, ins Angesicht widerstanden.
Du hast dich aller angenommen, die mit ihren Nöten zu dir fanden.

Tagesgebet

Heiliger Gott,
durch deinen Geist erleuchtet
hat der heilige Diakon Ephräm
das Wort der Wahrheit verkündet
und in Hymnen und Lieder
deine Herrlichkeit gepriesen.
Lass auch in unserem Mund
dein Lob nie verstummen
durch Jesus Christus.

Fürbitten

»Wovon das Herz voll ist, davon spricht der Mund« (Lk 6,45). Deshalb wollen wir jetzt dem Herrn unsere Bitten vortragen:

- Hilf den Völkern des Nahen Ostens zu erkennen, wie sie Hass und Vorurteile überwinden und in Frieden miteinander leben können.
- Gib den Bischöfen und Theologen Heiligen Geist, damit sie Zeugen der Wahrheit und Diener der Menschen sind.
- Lass alle, die in Not geraten sind, Hoffnung fassen und Hilfe finden.
- Lehre uns, anstatt über Kirche oder Staat zu klagen und zu murren, Hand anzulegen und so die Welt zu verbessern.

Gott, du bist der Grund all unserer Hoffnung, denn deine Liebe trägt unser Leben durch die Zeit hinein in die Ewigkeit.

Besinnung nach der Kommunion

Der heilige Ephräm hat geschrieben:
»Erst durch den Glauben ... wird der Mensch
mit der Gottheit vereint und nach ihrem Bild gestaltet.«
In diesem Glauben sind wir an den Altar getreten,
und der Herr hat sich mit uns vereint.
Nun geht es darum,
dass wir uns auch von ihm gestalten lassen,
damit er immer mehr Gestalt annimmt
in unserem Leben.
Nur so werden wir die guten Früchte hervorbringen,
die er von uns erwartet.

Schlussgebet

Allmächtiger Gott,
im Brot des Lebens
haben wir Christus empfangen.
Wir bitten dich:
Er möge uns wie dem heiligen Ephräm
alle Tage Lehrer der Wahrheit und der Liebe sein
und uns durch seinen Geist
in der Einheit mit dir bewahren
heute und in Ewigkeit.

Hl. Barnabas Apostel, G

L: Apg 11,21b-26; 13,1-3; Ev: Mt 10,7-13

Einführung

Der hl. Barnabas aus Zypern, ein Vetter des Evangelisten Markus, wird in der Apostelgeschichte als Apostel bezeichnet. Er war ein hochherziger und entschlossener Mann. So verkaufte er ein Grundstück, um den Aposteln den Erlös für die Armen zu geben. Paulus führte er in den Kreis der misstrauischen Apostel ein und begleitete ihn auf dessen erster Missionsreise. Später predigte er auf Zypern, wo er um das Jahr 61 von Juden gesteinigt worden sein soll. – Dieser Heilige scheint ein Mensch gewesen zu sein, der einfach dort zur Stelle war, wo er gebraucht wurde. Es wäre schön, wenn man auch von uns sagen könnte, wir ständen dem Herrn da zur Verfügung, wo er uns in der Kirche braucht. – *Stille*

Kyrie-Rufe

Herr Jesus Christus,
du Heiland der Kranken.
Du Herr über die Dämonen.
Du Retter aus dem Tod.

Tagesgebet *(Vgl. MB)*

Gott, du hast den heiligen Apostels Barnabas,
einen Mann voll Glauben und Heiligem Geist,
als Boten des Evangeliums zu den Heiden gesandt.
Berufe auch heute Männer und Frauen,
die in Wort und Tat
die Botschaft Jesu Christi verkünden,
der in der Einheit des Heiligen Geistes
mit dir lebt und Herr ist in Ewigkeit.

Fürbitten

Mit dem hl. Barnabas beten wir zu Gott, unserem Vater, für die Kirche und alle Menschen:

- Für *die* Menschen in unserem Land, denen du erst vertraut gemacht werden musst: Gib den Seelsorgern und Verkündigern in der Kirche Einfühlungsvermögen und Überzeugungskraft.
- Für die Christen in Kleinasien und Zypern: Stärke ihren Glauben in der Bedrohung durch radikale Moslems und rassistische Politiker.
- Für Papst und Bischöfe in der Nachfolge der Apostel: Befreie sie von eigensinniger Starrheit und bewahre sie vor opportunistischer Anpassung an den Zeitgeist.
- Für die Armen bei uns und in fernen Ländern: Lass ihnen durch Christen und durch kirchliche Caritas Hilfe zuteil werden.

Heiliger Gott, groß und gewaltig bist du allein. Deine Herrlichkeit und Güte wollen wir rühmen in Ewigkeit.

Besinnung nach der Kommunion

Herr, du sendest die Jünger.
Nichts sollen sie mitnehmen;
nicht um sich selber sollen sie besorgt sein,
sondern um dich
und um die, zu denen du sie sendest.
Sie werden dann erfahren,
dass du selber für die sorgst,
die du sendest.

Herr, auch wir sind gesandt,
gesandt in unsere Familien,
zu unseren Freunden und Kollegen,
an unseren Arbeitsplatz,
Zeugnis zu geben für dich
in dieser Stadt.
Für uns willst du selber sorgen.
Du hast es jetzt getan,
bist unsere Speise geworden,
bist unser Halt
und unsere Hoffnung.

Lass es uns immer wissen, Herr,
und darauf vertrauen:
Bei dir lass uns einkehren,
bei dir zu Hause sein,
und gestärkt hineintreten
in die Welt,
um Heil zu vermitteln,
wo Unheil ist.

Schlussgebet

Gott und Vater,
am Gedenktag des heiligen Barnabas
hat uns dein Sohn seinen Leib (und sein Blut)
als Speise zum ewigen Leben geschenkt.
Hilf uns, einander zu stärken
und füreinander da zu sein,
damit wir auf unserem Weg ihm nachfolgen,
Christus, unserem Herrn.

Hl. Antonius von Padua

Ordenspriester, Kirchenlehrer, G

L: Jes 61,1-3a; Ev: Lk 10,1-9

Einführung

Der hl. Antonius von Padua wirkte im 12. Jahrhundert zunächst als Theologielehrer für die Brüder des Franziskanerordens, dann zog er als Wanderprediger durch Oberitalien und Südfrankreich. Seine großen Anliegen waren dabei die Erneuerung der Kirche aus dem Geist des Evangeliums und die Sorge für die Einheit der Kirche, die ja in diesen Gegenden durch die Katharer und die Waldenser bedroht war. Als Prediger hatte er ungewöhnlichen Zulauf, bis zu 30 000 Menschen versammelten sich, wenn er in einer Stadt auf die Kanzel stieg. Vielen half er, den verlorenen Glauben wieder zu finden. So gilt er als Patron derer, die etwas verloren haben, das ihnen wertvoll war. – Seine großen Anliegen dürfen wir auch zu unseren Anliegen machen: Erneuerung der Kirche und Sorge um ihre Einheit nach dem Willen des Herrn. – *Stille*

Kyrie-Rufe

Herr Jesus Christus,
du hast uns Freudenbotschaft vom Vater gebracht.
Du sendest uns mit deiner frohen Botschaft zu den Menschen.
Du bist bei uns, wohin du uns sendest.

Tagesgebet

Allmächtiger, ewiger Gott,
in Zeiten der Glaubensnot
hast du den Menschen den heiligen Antonius von Padua
als überzeugenden Verkünder des Glaubens geschenkt.
Hilf, dass wir das Unsere beitragen
für die Erneuerung und die Einheit der Kirche
und dabei bei uns selber anfangen,
durch Jesus Christus.

Fürbitten

Machtvoll hat Gottes Geist im hl. Antonius gewirkt. Wir wollen den Vater im Himmel bitten:
- Gib deinen Geist den Führenden der getrennten Kirchen, damit sie in Weisheit und Beharrlichkeit Wege zur Einheit bahnen.
- Gib deinen Geist allen, die in der katholischen Kirche Verantwortung tragen, damit sie die Einheit im Glauben bewahren und die Gemeinschaft deiner Kirche stärken.
- Gib deinen Geist allen, die sich um innere Erneuerung deiner Kirche bemühen, damit sie erkennen, was nötig ist, und stets nach deinem Willen handeln.
- Gib deinen Geist allen, die in unseren Tagen als Lehrer des Glauben und als Prediger wirken, damit sie nicht Menschenweisheit, sondern unverkürzt dein Evangelium verkünden.

Gott, Großes hast du uns anvertraut. Du gibst die Kraft zum Gelingen jedes guten Werkes. Dir sei Ruhm und Ehre in Ewigkeit.

Besinnung nach der Kommunion

Das Erste,
was die Jünger Jesu wünschen sollen,
ist der Friede.
Friede hat viele Gesichter.
Wir sollen in Frieden leben mit uns selbst.
Wir müssen zu uns Ja sagen können,
aus vollem Herzen uns annehmen wie wir sind.
Wir sollen in Frieden leben miteinander.
Wir müssen zueinander Ja sagen können,
aus vollem Herzen einander annehmen wie wir sind.
Wir sollen in Frieden leben mit Gott.
Wir müssen zu ihm Ja sagen können,
aus vollem Herzen uns annehmen lassen von ihm,
der sein Ja zu uns von Ewigkeit her gesprochen hat
und uns in Ewigkeit die Treue hält.

Schlussgebet

Herr, unser Gott,
in dieser Stunde durften wir deine Nähe erfahren,
dein Sohn hat uns mit seiner Liebe erfüllt.
Wir bitten dich um deinen Heiligen Geist,
dass er mit uns gehe
uns stärke und uns lehre,
in der Wahrheit und in der Liebe fest zu stehen
durch Christus, unseren Herrn.

Hl. Vitus (Veit) Märtyrer, g

L: Weish 10,10-14; Ev: Joh 15,18-21

Einführung

Der hl. Vitus aus Sizilien erlitt um 304 in der diokletianischen Christenverfolgung noch als Knabe das Martyrium. Die Legende hat versucht, einen besonderen Charakterzug des jungen Heiligen hervorzuheben: Als er vor seinem Richter stand, wurden auf seine Fürbitte hin diejenigen, die ihn angezeigt und verhaftet hatten, von verschiedenen Krankheiten geheilt. Im Verhör vor dem Kaiser heilte Vitus dessen Sohn. So wird uns dieser junge Christ als ein Mensch vorgestellt, der nicht Gleiches mit Gleichem vergilt, sondern denen, die ihn als ihren Feind behandeln, Gutes tut. – Ob wir nicht in manchen Situationen davon lernen könnten? – *Stille*

Kyrie-Rufe

Herr Jesus Christus,
du hast dich im Leiden als König erwiesen.
Du hast am Kreuz für die gebetet, die dich hingerichtet haben.
Du hast noch im Sterben dem Schächer vergeben.

Tagesgebet

Allmächtiger Gott,
wir ehren heute den heiligen Vitus,
der schon als Junge für seinen Glauben gestorben ist.
Gib auch uns den Geist Jesu,
der uns mahnt,
die Spirale von Hass und Feindschaft zu durchbrechen
und Zeugnis für deine Güte anzulegen
durch Jesus Christus.

Fürbitten

Wir wollen zu Gott beten, der auch uns mit den Heiligen im Himmel vereinen will:

- Lenke den Sinn aller, die an ihren Mitmenschen schuldig geworden sind, zur Umkehr.
- Schenke denen, die von anderen Menschen schikaniert werden, die Kraft, sich von Rachegedanken frei zu halten.
- Lass alle, die sich in weltanschaulichen Fanatismus verrannt haben, den Wert von Toleranz erkennen.
- Gib uns ein sanftmütiges und geduldiges Herz gegenüber allen Menschen.

Heiliger Gott, du führst uns auf Wege des Friedens und der Versöhnung. Dir sei Lob und Dank in Ewigkeit.

Besinnung nach der Kommunion

Christus hat mit uns Mahl gehalten.
Wir durften ihm begegnen,
er hat sich uns geschenkt.
So ist Friede in unser Herz eingekehrt
und Freude hat uns erfüllt.
Wie schön wäre es,
wenn es uns gelänge,
diesen Frieden und diese Freude
in uns zu bewahren
und mitzunehmen zu allen,
denen wir heute noch begegnen werden.

Schlussgebet

Gütiger Gott,
in diesem Mahl hast du uns mit Christus verbunden
und einander zur gegenseitigen Sorge anvertraut.
Lass die Liebe,
die wir von deinem Sohn erfahren haben,
in uns fruchtbar werden
und in aller Bedrängnis standhalten
durch ihn, Christus, unseren Herrn.

Hl. Benno Bischof, g

L: 2 Kor 6,1-10; Ev: Joh 14,1-6

Einführung

Der hl. Benno stand als Bischof von Meißen im Streit zwischen Papst und Kaiser auf Seiten des Papstes. Er setzte sich für die innere Freiheit der Kirche gegenüber der staatlichen Gewalt ein. Kaiser Heinrich IV. setzte den Bischof kurzerhand ab. Nach der Aussöhnung und seiner Rückkehr ins Bischofsamt setzte er sich besonders für die Missionierung der Slawen in seiner Diözese ein. So erhielt er später den Beinamen »Apostel der Wenden«. Im Jahr 1106 starb er mit 96 Jahren. – Die Christen in Sachsen haben seither noch oft erlebt, wie eine Staatsmacht auch Macht über die Kirche zu gewinnen versuchte. Und auch in Zukunft werden Christen wach sein müssen, die Freiheit der Kirche und des Glaubens zu verteidigen. – *Stille*

Kyrie-Rufe

Herr Jesus Christus,
du bist zum Vater gegangen, um für uns Wohnungen zu bereiten.
Du bist der Weg, die Wahrheit und das Leben.
Du bist der Herr über die Mächtigen der Erde.

Tagesgebet

Der heilige Benno hat sich mutig
für die Freiheit der Kirche eingesetzt
und den Wenden das Licht und die Freude
des Evangeliums geschenkt.
Lass dein Licht auch heute durch die Kirche strahlen
und viele Menschen mit der Freude erfüllen,
die der Glaube uns schenkt
durch Jesus Christus.

Fürbitten

Zu Christus, der uns Gott als liebenden Vater zeigt, wollen wir beten:

- Für die Christen in Sachsen und ihre Seelsorger: dass sie die Chance nutzen, den Glauben in Frieden und Freiheit leben zu können.
- Für die Bischöfe deiner Kirche: dass sie die rechten Wege finden, mit dem Staat zusammenzuarbeiten ohne die Unabhängigkeit der Kirche zu gefährden.
- Für *die* Menschen, die keinen Ausweg aus dem Streit mehr sehen: dass sie den Mut nicht sinken lassen und sich beständig für den Frieden einsetzen.
- Für uns selber: dass wir unsere eigenen Möglichkeiten, uns für das Evangelium zu engagieren, wahrnehmen.

Dreieiniger Gott, dich loben wir, dich preisen wir, weil du ein Gott für uns Menschen bist, weil du uns Zukunft gibst bis in die Ewigkeit.

Besinnung nach der Kommunion

Der heilige Benno hat den Wenden Christus gebracht.
Er ist auch unser Licht,
in dem wir den Weg erkennen,
die Wahrheit finden
und das Leben gewinnen.

Er hat sich uns im Brot gegeben,
damit wir gestärkt sind für den Weg,
den Geist der Wahrheit in uns tragen
und zum Leben in Fülle gelangen.

Schlussgebet

Barmherziger Gott,
du hast uns mit dem Leib (und Blut) Christi genährt.
Gib auch uns ein wenig von der Liebe unseres Herrn,
damit wir wie der heilige Benno
den Menschen dienen
und Glauben zeugen können
durch Christus, unseren Herrn.

Hl. Romuald Abt, Ordensgründer, g

L: Phil 3,8-14; Ev: Lk 14,25-33

Einführung

Der hl. Romuald gründete um das Jahr 1000 in Italien den Kamaldulenserorden. Auf der Grundlage der Regel des hl. Benedikt versuchte er, Einsiedlertum und Gemeinschaftsleben miteinander zu verbinden. Dies geschah wohl aus seiner Erfahrung und Einsicht, die auch wir teilen können: Wir Menschen sind unserer Natur nach auf Gemeinschaft hin angelegt. Aber wir brauchen immer wieder auch Zeiten des Alleinseins, um zu uns selber zu finden. Dies gilt auch für unser geistliches Leben. Wir sehen an Jesus, wie er sich zurückzog, um in der Einsamkeit mit dem Vater allein zu sein, dann aber wieder mitten unter seinen Schülern und Freunden zu finden ist. So kann die Lebenspraxis des hl. Romuald auch uns etwas bedeuten. – *Stille*

Kyrie-Rufe

Herr Jesus Christus,
dich möchten wir immer besser erkennen.
Dein Leben und dein Tod sollen uns prägen.
Du hast uns den Himmel als Lebensziel gegeben.

Tagesgebet

Gütiger Gott,
du hast den heiligen Romuald
in die Einsamkeit gerufen,
damit er in Stille und Betrachtung
dir nahe sei und zu sich selber komme;
du hast ihn die Gemeinschaft der Brüder teilen lassen,
damit sie miteinander dich preisen
und einander gegenseitig dienen.

Lass auch uns den richtigen Weg
zu uns selber und zueinander finden,
damit wir miteinander zu dir finden
durch Jesus Christus.

Fürbitten

Durch das Kreuz und die Auferstehung ist Christus unsere Hoffnung und unser Leben geworden. Wir wollen ihn bitten:
- Für alle Menschen unserer Tage: Lass sie die rechte Mitte finden zwischen Geschäftigkeit, Besinnung und Muße.
- Für die Vorsteher deiner Kirche: Lass sie bei allen Pflichten und Terminen Zeit finden zur Begegnung mit sich selbst und mit dir.
- Für die Mönche: Schenke ihnen in Betrachtung, Gebet und gemeinschaftlicher Sorge Erfüllung ihres Lebens.
- Für uns selber: Lass uns in dir zu innerer Ruhe finden, damit wir uns geduldig und froh den anderen widmen können.

Großer und heiliger Gott, du bist unsere Zuversicht und unsere Kraft. Dich wollen wir rühmen in Ewigkeit.

Besinnung nach der Kommunion

»Gott hat den Menschen zu einer Freude geschaffen,
die aus christlicher Gesinnung
und christlicher Tugend hervorquillt«,
hat Abt Romuald geschrieben.
Das ist eine Freude,
die man nicht organisieren kann
wie eine Feier.
Die Freude liegt in uns selber,
weil Gott in uns wohnt.
Je mehr wir uns vertiefen
hinein in die Worte und Gedanken,
die uns von Gott geoffenbart sind,
hinein in die Konsequenzen,
die sich für unser Leben daraus ergeben,
desto mehr wird die Freude in uns wachsen,
weil wir an Gott gerührt haben,
den Quell der Freude in uns selbst.

Schlussgebet

Gütiger Gott,
am Gedenktag des heiligen Romuald
haben wir das Brot des Lebens empfangen.
Lass uns durch die Gemeinschaft mit Christus
in der Liebe zu dir und den Menschen wachsen
durch ihn, Christus, unseren Herrn.

Hl. Aloisius Gonzaga Ordensmann, G

L: 1 Joh 5,1-5; Ev: Mt 22,34-40

Einführung

Mit dem hl. Aloisius Gonzaga ehren wir einen Christen, der Glaubensüberzeugung mit sich aufopfernder Nächstenliebe verband. Der Sohn eines oberitalienischen Markgrafen verzichtete auf sein Erbfolgerecht, um in den Jesuitenorden einzutreten. Gott zu dienen, bedeutete ihm mehr, als über einen Teil der Welt zu herrschen. Während seines Theologiestudiums in Rom brach dort die Pest aus. Der junge Mann widmete sich nun neben dem Studium mit letzter Hingabe der Krankenpflege. Dabei wurde er angesteckt und starb 1591 mit 23 Jahren. – An seinen Lebensentscheidungen erkennen wir entscheidend Christliches: Gott dienen bedeutet mehr, als in der Welt Macht ausüben. Und Gott sendet den, der ihm dienen will als Helfer zu den Menschen. – *Stille*

Kyrie-Rufe

Herr Jesus Christus,
wenn wir Gott mit unserem ganzen Wesen lieben, erweisen wir uns als deine Brüder und Schwestern.
Wenn wir den Nächsten lieben wie uns selbst, so folgen wir dir nach.
Wenn wir in der Liebe feststehen, haben wir durch dich die Welt besiegt.

Tagesgebet

Heiliger Gott,
du zeigst uns im heiligen Aloisius
ein Beispiel tiefer Liebe zu dir und den Leidenden.
Hilf uns und ermutige uns,
dass auch wir uns ganz auf dich einlassen,
und senke auch in unser Herz jene Liebe,
die uns würdig macht, Christen zu heißen
nach deinem Sohn Jesus Christus,
der in der Einheit des Heiligen Geistes
mit dir lebt und Herr ist in Ewigkeit.

Fürbitten

Zu Jesus Christus, der sich für uns hingegeben hat, wollen wir beten:

- Für die Mitglieder des Jesuitenordens: dass sie sich von deinem Geist erfassen lassen und zum Heil für die Menschen und zum Segen für die Kirche wirken.
- Für alle, die dir im Leben von Grund auf nachfolgen wollen: dass sie dich im Innersten kennenlernen und von dir leiten lassen.
- Für alle, die von Todesnot gezeichnet sind: dass sie Menschen finden, die ihnen beistehen, und bei dir Trost und Rettung finden.
- Für alle, die die Notsignale anderer empfangen: dass wir uns wie der hl. Aloisius ihrem Anruf stellen und ihnen Hoffnung und Hilfe bringen.

Barmherziger Gott, in dir gründet unser Leben und in dir wird es zur Vollendung kommen. Sei gepriesen heute und in Ewigkeit.

Besinnung nach der Kommunion

Wir haben die Einladung angenommen,
die der Herr ausgesprochen hat, weil er uns liebt.
Wir wollten ihm unsere Liebe zeigen
und durften uns seiner Gemeinschaft freuen.
Doch wie wahr unsere Liebe zu ihm ist,
zeigt sich darin,
dass wir dem Nächsten mit der Liebe begegnen,
die wir dem Herr schuldig sind.

Schlussgebet

Ewiger Gott,
dein Sohn hat jene selig gepriesen,
die ein reines Herz haben.
Gib, dass unser Sinnen und Trachten
ganz auf das gerichtet ist,
was vor dir gut und heilig ist,
damit wir mit dem heiligen Aloisius
einst bei dir unser Glück
und unsere Vollendung finden
durch Christus, unseren Herrn.

Hl. Paulinus von Nola Bischof, g

L: 2 Kor 8,9-15; Ev: Lk 12,32-34

Einführung

»(Christus), der reich war, wurde euretwegen arm« (2 Kor 8,9). Was Paulus da von Christus sagt, hat der hl. Paulinus wörtlich auf sich bezogen. Als Sohn eines hohen römischen Beamten wurde er Statthalter von Kampanien, heiratete eine Spanierin und ließ sich taufen. Als ihr Sohn, das einzige Kind dieser Ehe, gestorben war, gelobten beide eheliche Enthaltsamkeit. Als Priester und später als Bischof von Nola verwendete er sein beachtliches Vermögen und seine Einkünfte zur Unterstützung der Armen. Mit Freunden zusammen lebte er in einer kleinen Mönchsgemeinschaft, persönlich völlig anspruchslos. Nach dem Wort Jesu (*Evangelium*) hat er seinen Besitz den Armen gegeben und sich einen Schatz im Himmelreich verschafft. – *Stille*

Kyrie-Rufe

Herr Jesus Christus,
du hast uns einander anvertraut. –
Wir aber vergessen einander und leben aneinander vorbei.
Du hast uns zur Sorge für die Armen ermahnt. –
Wir aber sind oft hartherzig und ichbezogen.
Du willst, dass wir einander lieben und achten. –
Wir aber reden und urteilen lieblos über andere.

Tagesgebet

Gott,
der heilige Bischof Paulinus von Nola
hat sich von deinem Wort ergreifen lassen.
Er hat auf Besitz und Ansehen verzichtet,
um ganz in deinem Dienst zu leben.
So wurde er für viele ein Zeichen deiner Liebe.
Hilf, dass auch unser Leben
ein Zeichen wird, das auf dich verweist,
und ein Segen für unsere Brüder und Schwestern
durch Christus, unseren Herrn.

Fürbitten

Wir wollen zu Gott rufen, der uns im hl. Paulinus ein Beispiel der Nächstenliebe gegeben hat:

- Für die Bischöfe deiner Kirche: dass in ihrem Leben dein Wort lebendig werde.
- Für die bedürftigen Menschen unserer Tage: dass sie bei uns Christen Menschen finden, die ihre Not zu lindern versuchen.
- Für alle, die uns Gutes getan haben: dass sie deine Liebe erfahren dürfen in diesem Leben und in Ewigkeit.
- Für uns alle: dass deine Gesinnung uns erfülle und dein Wille unser Tun bestimme.

Guter Gott, auf dich vertrauen wir, auf dich hoffen wir heute und in Ewigkeit.

Besinnung nach der Kommunion

Wenn wir das Leben der Heiligen anschauen,
die uns die Kirche als Vorbilder hinstellt,
dann kann uns das anspornen,
es kann uns aber auch resignieren lassen.
Denn deren Tugend, deren Leistung
ist so weit weg von unserer Wirklichkeit,
dass wir uns mit ihnen nicht messen können.
Was aber vor Gott zählt,
ist unser guter Wille,
nicht das heroische Ergebnis.

Schlussgebet

Herr, unser Gott,
du hast uns den Leib (und das Blut) Christi gereicht.
Bewahre uns in der Einheit mit Christus,
damit wir wie der heilige Bischof Paulinus von Nola
dir und deinem Wort freudig dienen,
für die Menschen an unserem Weg zum Segen werden
und einst das ewige Glück bei dir erlangen
durch Christus, unseren Herrn.

Hl. John Fisher Bischof und **hl. Thomas Morus** Märtyrer, g

L: 1 Petr 4,12-19; Ev: Mt 10,34-39

Einführung

Wir ehren heute zwei Christen, die wir als Märtyrer des Gewissens bezeichnen dürfen. John Fisher war Bischof von Rochester, Thomas Morus englischer Lordkanzler. Der Papst hatte die Bitte des englischen Königs, seine Ehe aufzulösen, nicht erfüllt, da sie gültig zustande gekommen war. Der König brach mit der röm.-kath. Kirche, erklärte sich zum Oberhaupt der Kirche von England und seine Ehe für geschieden. Die beiden Tagesheiligen erklärten das Vorgehen des Königs für unrecht. Beide wurden im Jahr 1535 hingerichtet. – Auch wir berufen uns gern auf unser Gewissen. Die entscheidende Frage dabei wird sein, ob wir unser Gewissen wie John Fisher und Thomas Morus auch an Gott binden. – *Stille*

Kyrie-Rufe

Herr Jesus Christus,
du König der Herrlichkeit.
Du Richter der Lebenden und der Toten.
Du Bruder der Menschen.

Tagesgebet

Ewiger Gott,
du hast die heiligen John Fisher und Thomas Morus gestärkt,
Menschenfurcht zu überwinden,
um dir und sich selbst treu zu bleiben.
Wir bitten dich,
auch uns vor Feigheit zu bewahren,
damit wir deine Zeugen sein können
und unserem Herrn Jesus Christus nachfolgen,
der in der Einheit des Heiligen Geistes
mit dir lebt und Herr ist in Ewigkeit.

Fürbitten

Jesus erwartet von uns, dass wir unser Kreuz auf uns nehmen. Aus eigener Kraft können wir das nicht. Deshalb bitten wir ihn:
- Gib den Regierenden der Völker Weisheit und Respekt vor dem Gewissen aller Bürger.
- Zeige der anglikanischen Kirche und der katholische Kirche Wege zur Einheit im Glauben.
- Nimm dich derer an, die wegen ihres Glaubens verfolgt und misshandelt werden.
- Gib, dass wir unser Gewissen in allen Entscheidungen an dich binden und uns an deinen Weisungen orientieren.

Bei dir, Gott, ist unser Gebet in guten Ohren. Dich wollen wir verherrlichen in Ewigkeit.

Besinnung nach der Kommunion

Wir Menschen berufen uns auf unser Gewissen.
Aber das Gewissen hat nicht immer recht.
Es kann sich irren.
Es kann sich an falschen Informationen ausrichten.
Es kann sich nach unseren beschränkten Einsichten orientieren.
Es kann zum Erfüllungsgehilfen unserer Wünsche degradiert werden.
Es kann von Demagogen und Ideologen missbraucht werden.
Darum müssen wir das Gewissen an jene Macht binden,
die nicht irren und nichts Unrechtes wollen kann:
Wir müssen unser Gewissen an Gott und seiner Weisung ausrichten.

Schlussgebet

Großer und barmherziger Gott,
von dir haben wir die Speise des Lebens empfangen,
von dir kommt die Kraft in unserer Schwachheit.
Schenke uns den Mut,
heute und alle Tage
für dich Zeugnis abzulegen
durch Christus, unseren Herrn.

Geburt des hl. Johannes des Täufers

H – Am Vorabend

1. L: Jer 1,4-10; 2. L: 1 Petr 1,8-12; Ev: Lk 1,5-17

Einführung

Johannes der Täufer steht als Prophet an der Schwelle vom Alten zum Neuen Bund. Der Name Johannes heißt auf deutsch »Gott ist gnädig«. Seine Eltern Elisabet und Zacharias konnten das ganz schlicht auf ihre Situation beziehen: in ihrem Alter endlich ein Kind zu empfangen, war für sie ein außerordentliches Geschenk Gottes. Wir erkennen darin weit mehr: Gottes Gnade bestand darin, dass er in diesem Knaben der Welt einen Propheten geschenkt hat, der das Volk des Alten Bundes auf den Messias vorbereiten sollte. – Wir aber sind froh und dankbar, dass der Herr ein gnädiger Gott ist, einer, der uns mit Liebe begegnet und uns zur Liebe anstiften will. – *Stille*

Kyrie-Rufe

Herr Jesus Christus,
Johannes der Täufer hat dich erkannt und seine Jünger auf dich verwiesen.
Du hast uns alle eingeladen, als deine Jünger dir zu folgen.
Du willst, dass unser Leben für viele Menschen ein Hinweis sei auf dich.

Tagesgebet

Gott und Herr,
der heilige Johannes der Täufer
hat Zeugnis gegeben für das Licht,
das uns in deinem Sohn Jesus Christus aufgestrahlt ist.
Gib, dass auch wir uns
von deinem Heiligen Geist führen lassen
und unseren Erlöser in der Welt bekannt machen,
Jesus Christus, deinen Sohn,
der in der Einheit des Heiligen Geistes
mit dir lebt und Herr ist in Ewigkeit.

Fürbitten

Zu Jesus Christus, auf den uns Johannes hinweist, wollen wir beten:

- Für alle, die im Dunkeln tappen und nach Lebenssinn suchen: dass ihnen dein Licht aufgeht.
- Für alle, die selbstsicher in alten Gleisen gehen: dass sie sich von dir neue Ziele zeigen lassen.
- Für die Lehrer und Prediger deiner Kirche: dass sie aufrichtende und wegweisende Worte finden.
- Für uns selber: dass wir deinem Geist in uns Raum geben und zu Menschen nach deinem Herzen werden.

Denn du führst uns in die neue Freiheit der Kinder Gottes. Dir sei Preis und Ehre heute und in Ewigkeit.

Besinnung nach der Kommunion

Johannes kam,
um »das Volk für den Herrn bereit zu machen« (Lk 1,17d).
Das ist eine große Sendung.
Wir haben schon genug damit zu tun,
uns selbst für den Herrn bereit zu machen.
Wir haben uns jetzt darum bemüht
und durften ihn in uns aufnehmen.
Und nun soll es weitergehen,
denn wir sind nie damit fertig,
uns für den Herrn bereit zu machen,
damit wir sein Wort nicht nur hören,
sondern aufnehmen,
damit es in uns Kraft gewinnt
und uns verändern kann,
damit wir Menschen werden,
in denen er so lebendig ist,
dass er durch uns handelt,
dass er durch uns den Menschen begegnen
und Heil wirken kann.

Schlussgebet

Heiliger Gott,
du erneuerst durch dieses Sakrament
unsere Gemeinschaft mit deinem Sohn.
Steh uns bei,
damit wir in unserem ganzen Leben
ihm die Treue halten
und für ihn einstehen, wo immer es nötig ist,
damit wir einst zur unverlierbaren Einheit mit dir gelangen
durch ihn, Christus, unseren Herrn.

Geburt des hl. Johannes des Täufers H – Am Tag

1. L: Jes 49,1-6; 2. L: Apg 13,16.22-26; Ev: Lk 1,57-66.80

Einführung

In Johannes dem Täufer ehren wir heute einen Mann, dessen Leben und prophetische Verkündigung ganz auf Jesus Christus als den gottgesandten Retter der Menschen hingewiesen hat. Ihm den Weg zu den Herzen der Menschen zu bereiten, war seine Sendung. Und es ist heute die Sendung der Kirche. Doch da wird uns bewusst, dass wir selber Kirche sind, dass es also unsere Sendung ist, Christus den Weg zu den Herzen der Menschen zu bereiten, zuerst freilich zu unserem eigenen Herzen. Eine große Aufgabe, eine Aufgabe, die uns mit Stolz erfüllen kann, die uns aber auch nachdenklich macht, ob wir ihr gerecht werden. – *Stille*

Kyrie-Rufe

Herr Jesus Christus,
Johannes der Täufer hat dich erkannt und seine Jünger auf dich verwiesen.
Du hast uns alle eingeladen, als deine Jünger dir zu folgen.
Du willst, dass unser Leben für viele Menschen ein Hinweis sei auf dich.

Tagesgebet

Allmächtiger Gott,
der heilige Johannes der Täufer
hat sich mit seinem ganzen Leben
deinem Auftrag zur Verfügung gestellt,
die Menschen zu Christus, ihrem Erlöser, zu führen.
Erhalte in uns die Sehnsucht lebendig,
dem immer näher zu kommen,
der sich geopfert hat, um uns zu retten,
Christus, unserem Herrn.

Fürbitten

Zu Jesus Christus, den Johannes der Täufer verkündet hat, wollen wir beten:

- Für alle, denen du heute den Geist gibst, die Zeichen der Zeit zu erkennen und prophetisch zu reden: Schenke ihren Worten bei den Menschen Gehör.
- Für alle Getauften: Sporne sie an, sich für Gerechtigkeit und Liebe zu engagieren.
- Für die jungen Christen: Wecke in ihnen Sehnsucht nach der Wahrheit.
- Für uns alle, denen der Ruf zu Buße und Umkehr gilt: Mach uns Mut, uns wahrhaftig auf dich und dein Wort einzulassen.

Herr Jesus Christus, du hast uns den Weg zu unserem Heil eröffnet. Dir sei Dank und Ehre in Ewigkeit.

Besinnung nach der Kommunion

Immer unterwegs
in der Wüste und unter den Menschen
von Gottes Geist getrieben
waren Johannes und Jesus.
Immer unterwegs
müssen auch wir bleiben
zu dem Ziel und den Aufgaben,
die uns Gott vor Augen stellt.
Immer unterwegs
wohin der Geist uns sendet:
zu den Menschen auf Erden
und zu Gott.

Schlussgebet

Herr, unser Gott,
wie Johannes der Täufer seine Jünger
auf das Lamm Gottes hingewiesen hat,
so soll auch unser Leben
ein Hinweis werden auf deinen Sohn.
Senke deinen Geist in uns ein,

damit wir mit Jesus verbunden leben
und die Freude, mit der er uns erfüllt hat,
Tag für Tag weiterschenken
an unsere Brüder und Schwestern,
durch ihn, Christus, unseren Herrn.

Hl. Hemma von Gurk g

L: 1 Tim 5,3-10; Ev: Mt 19,16-26

Einführung

Ein Leben in Glück und Ehre schien der Gräfin Hemma beschieden zu sein. Aber all das brach nach dem frühen Tod ihres Mannes und ihres Sohnes zusammen. Sie aber begann nicht mit Gott zu hadern, sondern war so stark im Glauben, dass sie ihr Geschick annehmen konnte und ihre christlichen Aufgaben nun auf andere Weise verstand. Sie wollte mit ihrem Grundbesitz und Vermögen Gutes tun, teilte es mit den Armen und stiftete es zur Gründung von Kirchen und Klöstern. Das Volk verehrte sie nach ihrem Tod 1045 als Landesmutter und Gründerin des Bistums Gurk-Klagenfurt. – Das Leben der hl. Hemma kann für uns ein Aufruf sein, auch in tiefer Trauer nicht in Selbstmitleid zu zerfließen, sondern zu überlegen, welchen neuen Aufgaben wir uns aus dem Glauben heraus zuwenden können. – *Stille*

Kyrie-Rufe

Herr Jesus Christus,
du hast uns die Menschen an unserer Seite anvertraut. Doch wir denken nur an unser eigenes Wohlergehen.
Du willst unseren Blick auf die Bedürftigen lenken. Doch wir trachten nur danach, unser eigenes Leben abzusichern.
Du hast uns verantwortlich gemacht für deine Kirche auf Erden. Doch wir ziehen uns in unsere kleine eigene Welt zurück.

Tagesgebet

Barmherziger Gott,
du hast der heiligen Hemma ein Herz gegeben,
das auch in schwerem eigenem Leid
die Bedürftigen nicht vergessen hat
und für die Zukunft des Glaubens in ihrem Land sorgen wollte.
Stärke auch uns in den schweren Tagen unseres Lebens,
damit wir nicht uns selbst bedauern,
sondern uns in Güte anderen zuwenden
durch Jesus Christus.

Fürbitten

Zu Gott, der allen Menschen Vater ist, lasst uns rufen:

- Für die Armen in unserem Land und überall auf der Welt: dass die Politiker und alle Bürger ihre Verantwortung für sie erkennen und bewusst wahrnehmen.
- Für die Klöster und Orden in der Kirche: dass sie die Möglichkeit und die Bereitschaft haben, sich für die Bildung der jungen Menschen, für die Unterstützung und Pflege der Bedürftigen zu engagieren.
- Für alle, die durch den Verlust geliebter Menschen bedrückt und verzweifelt sind: dass sie sich mit deiner und unserer Hilfe wieder aufrichten und neue Lebenskraft gewinnen können.
- Für uns selber: dass wir uns in Enttäuschungen nicht selbst bemitleiden, sondern aus der Verbundenheit mit dir Mut und Zuversicht schöpfen können.

Gott, im Vertrauen auf dich können wir wie die hl. Hemma auch aus schlimmen Erfahrungen Gutes wachsen lassen. Dafür danken wir dir durch Christus, unseren Herrn.

Besinnung nach der Kommunion

Wir haben uns im Lauf unseres Lebens
Christus anzunähern versucht.
Er hat uns bei sich aufgenommen
und uns dieses Sakrament geschenkt,
in dem er seine Gemeinschaft mit uns
stets wieder erneuert und vertieft.
Aber je näher wir ihm wirklich kommen,
desto mehr wird uns bewusst,
dass wir Gemeinschaft mit ihm nur haben,
wenn wir wie er zu denen gehen, die uns brauchen,
für die da sind, die sich selbst nicht helfen können.
In ihnen begegnen wir dem Herrn.

Schlussgebet

Allmächtiger Gott,
wir danken dir für dieses Brot,
das Leben schenkt und Hoffnung weckt.
Wir bitten dich,
dass wir immer besser lernen,
nach dem Beispiel der heiligen Hemma
für andere ein Lichtblick in ihrem Leben zu werden
durch Christus, unseren Herrn.

Hl. Cyrill von Alexandrien Bischof, Kirchenlehrer, g

L: 2 Tim 4,1-5; Ev: Mt 5, 13-19

Einführung

Der hl. Cyrill, im 5. Jahrhundert Bischof von Alexandrien, lebte in einer Zeit, da man in der Kirche darum rang, wie es um die Menschheit und die Gottheit Jesu Christi bestellt sei, in welcher Beziehung seine menschliche und göttliche Natur zueinander stünden. Auf dem Konzil von Ephesus war Cyrill ein Vorkämpfer derer, die sich dafür einsetzten, dass Maria als Gottesgebärerin bezeichnet werden müsse. Daraus ergab sich, dass Jesus von Anfang an auch eine göttliche Natur hatte. Diese Meinung wurde dann vom Konzil bestätigt. So steht Cyrill in der langen Reihe derer, die den Glauben der Kirche nicht nur verkündet, sondern auch immer näher definiert haben. – *Stille*

Kyrie-Rufe

Herr Jesus Christus,
du Licht vom Licht und Gott von Gott.
Du Bruder der Menschen aus der Jungfrau Maria.
Du Lehrer der Kirche, Erlöser der Menschen.

Tagesgebet

Gott und Vater,
mit dem heiligen Bischof Cyrill von Alexandrien
bekennen wir, dass Maria deinen ewigen Sohn geboren hat.
In seinem Namen haben wir uns hier versammelt
und bitten dich:
Schenke unserem Leben Glaubwürdigkeit
durch Treue in der Wahrheit und in der Liebe,
die uns aufgetragen ist durch Jesus Christus.

Fürbitten

Zu Christus, dem Richter der Lebenden und der Toten, wollen wir rufen:

- Für alle, denen dein Wort verkündet wird: Öffne ihr Herz für deine Botschaft und mach sie bereit, dein Evangelium unvoreingenommen und selbstkritisch zu hören.
- Für alle, die am Verkündigungsauftrag deiner Kirche teilhaben: Lass sie feststehen in der gesunden Lehre und gib ihnen den Geist, der sie lehrt, Salz der Erde zu sein.
- Für alle, die jungen Menschen den Glauben vermitteln wollen: Schenke ihnen Offenheit für die Fragen junger Menschen, Geduld im Umgang mit ihnen und die Kraft, selbst Licht für andere zu sein.
- Für unsere Kinder und Jugendlichen: Stell ihnen Menschen an die Seite, denen sie vertrauen können und die ihnen kluge Weisung geben, damit sie zu dir finden und ihr Leben an dich binden.

Heiliger Gott, von dir kommen wir, zu dir sind wir unterwegs. Du gibst uns auf dem Weg Halt und Geborgenheit. Sei gerühmt und verherrlicht in Ewigkeit.

Besinnung nach der Kommunion

Wir wollen mit der Kirche glauben
und sind doch nie vor Zweifel sicher.
Wir wollen alles verstehen
und können Gottes Geheimnis doch nicht durchdringen.
Wir wollen mit der Kirche glauben,
aber unser Glaube wird in der Welt angefochten.
Wir müssen den Herrn bitten,
dass er unseren Glauben stärkt
und uns seinen Geist gibt,
der uns in der Einheit mit ihm bewahrt.

Schlussgebet

Herr, unser Gott,
wir danken dir für dieses Mahl,
in dem uns Christus mit sich verbunden hat.
Mit ihm vereint wollen wir nun an unser Werk gehen.
Gib, dass das Licht, das wir von dir empfangen haben,
in unserem Leben sichtbar wird
durch Christus, unseren Herrn.

Hl. Irenäus Bischof, Märtyrer, G

L: 2 Tim 2,22b-26; Ev: Joh 17,20-26

Einführung

Der hl. Irenäus stammte aus Kleinasien und bestach durch hervorragende griechische Bildung. Im 2. Jahrhundert war er Bischof von Lyon, ein weiser Hirte seiner Gemeinde. Er machte sich durch seine Missionierung in Ostgallien und durch die Abwehr der Gnosis, die den Glauben in geistreiche Spekulation auflösen wollte, verdient. In seinen Schriften mahnt er uns Christen, uns für Gott formbar zu halten, damit wir werden können, wozu uns Gott erschaffen hat. Als Berater des Papstes warnte er vor unnötiger Rechthaberei und Uniformismus (vgl. Streit um den Ostertermin). – Manche Streitigkeit unter Christen ließe sich vielleicht auch heute mit diesen Grundsätzen beheben. Und dass wir uns jederzeit von Gott formen lassen sollen, muss eine Selbstverständlichkeit für uns Christen sein. – *Stille*

Kyrie-Rufe

Herr Jesus Christus,
du hast für die Einheit der Kirche gebetet.
Wo du bist, dort sollen deine Jünger sein.
An der Liebe soll man deine Jünger erkennen.

Tagesgebet *(Vgl. MB)*

Gott der Wahrheit und des Friedens,
in deiner Kraft hat der heilige Bischof Irenäus
die wahre Lehre verteidigt
und der Kirche den Frieden erhalten.
Auf seine Fürsprache
erneuere in uns den Glauben und die Liebe
und mach uns bereit,
Frieden und Eintracht zu fördern
durch Jesus Christus.

Fürbitten

Lasst uns zu Christus, unserem Lehrer und Heiland, beten:

- Für deine Kirche: Befähige sie, deine Wahrheit und deine Güte zu verkörpern und glaubwürdig zu verkünden.
- Für die Bischöfe der christlichen Konfessionen: Gib ihnen den Geist, der sie die Einheit suchen und nach deinem Willen auch finden lässt.
- Für alle, die an den Mängeln in der Kirche Anstoß nehmen: Ermutige sie, sich innerhalb der Kirche für deren Heiligung einzusetzen.
- Für unsere (Pfarr-)Gemeinde und unsere Familien: Gib unserem Glauben Lebendigkeit, ansteckende Kraft und Streben nach Eintracht.

Heiliger, dreieiniger Gott, dir sei Ruhm und Herrlichkeit heute und in Ewigkeit.

Besinnung nach der Kommunion

Der Mensch verdankt sich nicht sich selbst,
er ist Gottes Idee und Gottes Werk.
Dass es mich gibt, war Gottes Wille.
Gott aber zieht sich von dem nicht zurück,
zu dem er Ja gesagt hat.
Deshalb wissen wir uns bei ihm gut aufgehoben.
Weil wir ihm nicht gleichgültig sind,
möchte er uns immer noch schöner und besser sehen,
als wir schon sind.
Wir müssen ihn an uns arbeiten lassen,
damit wir seiner Idee von uns ähnlicher werden,
damit alle Vorzüge, die er uns gegeben hat,
noch besser zur Geltung kommen.

Schlussgebet

Allmächtiger Gott,
in diesem Brot
haben wir Christus, unser Leben, empfangen.
Hilf uns auf die Fürsprache des heiligen Irenäus,
dass wir allezeit deine Wahrheit suchen,
deine Liebe vor der Welt bezeugen
und zur ewigen Glückseligkeit bei dir gelangen
durch Christus, unseren Herrn.

Hl. Petrus und hl. Paulus Apostel

H – Am Vorabend

1. L: Apg 3,1-10; 2. L: Gal 1,11-20; Ev: Joh 21,1.15-19

Einführung

An den Aposteln Petrus und Paulus sehen wir bei aller Verschiedenheit ihrer Charaktere auch manches Gemeinsame. Beide verkündeten das Evangelium von Jesus Christus, beide gaben für den Herrn ihr Leben hin, beide mussten gewaltig umdenken, um wirklich zu Christus zu finden. Paulus wurde von Christusverfolger zum Christusjünger, Petrus musste erst lernen, dass die Heiden ebenso wie die Juden zur Kirche und zum Heil berufen sind. – Und dies wird auch für uns wichtig bleiben, dass wir bereit sind, uns von Gott immer neu auf seine Wege und Ziele hin ausrichten zu lassen. – *Stille*

Kyrie-Rufe

Herr Jesus Christus,
du bist der Messias, der Sohn des lebendigen Gottes.
Du hast Petrus den Fels genannt, auf den du deine Kirche baust.
Du hast Paulus gesandt, unter den Heiden ein Volk für dich zu gewinnen.

Tagesgebet

Gott und Herr,
die Apostel Petrus und Paulus
haben auf dem Grund, den Christus gelegt hat,
weitergebaut, das Evangelium den Völkern verkündet
und der Kirche Gestalt und Formung gegeben.
Steh uns bei,
damit wir in Treue unseren Beitrag leisten,
das Werk der Heiligung für die Welt fortzuführen
durch Jesus Christus.

Fürbitten

Herr, unser Gott, aus allen Völkern sammelst du dir dein Volk. Wir bitten dich:

- Für die Verkündigung deines Evangeliums: Lass Deine Botschaft in allen Völkern und Kulturen Aufnahme finden, damit der Glaube das Leben der Menschen prägt.
- Für unseren Papst N. und alle Bischöfe: Bewahre sie vor einseitigem Blickwinkel in den Fragen des Glaubens und der Lehre und befähige sie, dein Volk im Glauben zu stärken.
- Für alle, die sich von dir und deiner Kirche getrennt haben: Schenke ihnen die Gnade, umzudenken und zu dir zurückzukehren.
- Für uns selber: Ermutige uns, unser Leben aus dem Glauben zu gestalten, damit es zu einem Zeugnis für dich werden kann.

Gott, wir danken dir, dass du in Liebe zu uns stehst. Sei gerühmt und gepriesen in Ewigkeit.

Besinnung nach der Kommunion

Petrus konnte zu Jesus sagen:
»Du weißt, dass ich dich liebe« (vgl. Joh 21,15).
Und der Herr hat ihm nicht widersprochen.
Weil Christus uns liebt,
hat er uns zu dem Mahl eingeladen,
das er jetzt mit uns gehalten hat
und in dem er unsere Speise geworden ist.
Wie schön, wenn wir jetzt zu ihm sagen können:
»Herr, du weißt, dass auch ich dich liebe.«

Schlussgebet

Allmächtiger Gott,
du hast uns im Sakrament mit Christus vereint.
Er will unsere Kraft sein
und unser Leben tragen.
Schenke uns Treue im Glauben
und Einheit in der Lehre der Apostel
durch Christus, unseren Herrn.

Hl. Petrus und hl. Paulus Apostel, H – Am Tag

1. L: Apg 12, 1-11; 2. L: 2 Tim 4, 6-8.17-18; Ev: Mt 16, 13-19

Einführung

Wir feiern das Fest der Apostel Petrus und Paulus. Beide waren von Christus persönlich zum Aposteldienst berufen worden, Petrus bei der Auswahl der ersten Zwölf, Paulus aufgrund einer Vision und Audition. Seit früher Zeit werden beide an einem gemeinsamen Tag geehrt. Der römische Staatskalender aus dem Jahr 354 (Depositio Martyrum) verzeichnet für beide am 29. Juni einen Festtag in Rom. Schon um das Jahr 100 werden beide im Brief des Clemens von Rom an die Korinther in einem Atemzug genannt. Beide gelten als Gründer der Kirche von Rom und als Garanten ihres apostolischen Ursprungs. Wenn wir heute ihr Gedächtnis feiern, dürfen wir uns in Erinnerung rufen, was wir im Credo bekennen: dass unsere Kirche auf Predigt und Wirken der Apostel zurückgeht. – *Stille*

Kyrie-Rufe

Herr Jesus Christus,
du bist der Messias, der Sohn des lebendigen Gottes.
Du hast Petrus den Fels genannt, auf den du deine Kirche baust.
Du hast Paulus gesandt, unter den Heiden ein Volk für dich zu gewinnen.

Tagesgebet

Herr, unser Gott,
wir haben uns versammelt,
um das Gedächtnis der Apostel Petrus und Paulus zu ehren.
In ihnen ehren wir den, der sie erwählt und gesandt hat
und dem sie gedient haben.
Steh uns bei, damit auch wir
der Sendung und dem Dienst treu bleiben,
zu dem uns Christus erwählt hat,
der in der Einheit des Heiligen Geistes
mit dir lebt und Herr ist in Ewigkeit.

Fürbitten

Lasst uns zu unserem Retter Jesus Christus, dem Haupt der Kirche, rufen:

- Für alle, denen dein Evangelium heute verkündet wird: Öffne ihnen Geist und Herz für deine Botschaft und schenke ihnen die Freude, die der Glaube vermittelt.
- Für die Bischöfe, die in der Nachfolge der Apostel heute die Kirche leiten: Erfülle sie mit dem Geist der Wahrheit und der Liebe und stärke sie zum Dienst an der Einheit.
- Für *die* Kleriker und Laien, die im Dienst der Verkündigung und Lehre stehen: Lass sie deine Freundschaft erfahren und gib ihnen den Geist, der Begeisterung zu wecken vermag.
- Für uns alle: Festige unsere Schritte auf den Wegen deiner Nachfolge und öffne unsere Lippen, dich zu bekennen.

Du, Herr, bist bei uns alle Tage bis ans Ende der Welt. Dir sei Ruhm und Ehre in Ewigkeit.

Besinnung nach der Kommunion

Worauf können wir bauen?
Bruchstück ist unsere Erkenntnis,
flüchtig sind unsere Gedanken,
abhängig vom Geist er Zeit
und ihm verfallen.
Auf Fels kann man bauen.
Fels vermag zu tragen.
Wie der Glaube des Petrus tragfähig sein musste
für den Glauben seiner Brüder,
so muss unser Glaube tragfähig sein auch für die,
die wir an unserem Glauben teilhaben lassen.
Das Fundament für den Glauben des Petrus hieß:
Du bist der Messias, der Sohn des lebendigen Gottes.
Christus muss das Fundament unseres Glaubens sein,
wenn er tragfähig sein soll
für uns und für andere.

Schlussgebet

Allmächtiger Gott,
du hast uns im Sakrament mit Christus vereint.
Er will unsere Kraft sein
und unser Leben tragen.
Schenke uns Treue im Glauben
und Einheit in der Lehre der Apostel
durch Christus, unseren Herrn.

Hl. Otto Bischof, Glaubensbote, g

L: Ez 34,11-16; Ev: Joh 10,11-16

Einführung

Der hl. Otto, Patron des Erzbistums Bamberg, gehört zu den bedeutendsten Persönlichkeiten der oberfränkischen Diözese. Als er 1139 starb, begannen die Gläubigen in Scharen zu seinem Grab zu pilgern. Sie hatten einen Bischof verloren, der sich ganz dem Dienst an den Menschen verschrieben hatte. Über die Grenzen seines Bistums hinaus hatte er sich verdient gemacht als steter Vermittler zwischen Papst und Kaiser, so im Investiturstreit, und als Missionar der Pommern; dieses Volk verdankt ihm seine Christianisierung, weshalb er auch in Berlin als Diözesanpatron verehrt wird. – Wie nutzen wir unsere Möglichkeiten, zwischen Menschen zu vermitteln und Frieden zu stiften? Oder den Glauben in unserer Umgebung weiterzugeben? – *Stille*

Kyrie-Rufe

Herr Jesus Christus,
du bist der Hirt deiner Kirche.
Du hast dein Leben für uns hingegeben.
Du willst, dass wir auf deine Stimme hören.

Tagesgebet

Der heilige Otto hat sich klug
für Versöhnung und Frieden eingesetzt
und den Pommern das Licht und die Freude
des Evangeliums geschenkt.
Lass dein Licht auch heute durch die Kirche strahlen
und viele Menschen mit der Freude erfüllen,
die der Glaube uns schenkt
durch Jesus Christus.

Fürbitten

Vertrauensvoll wollen wir uns an unseren guten Hirten Jesus Christus wenden:

- Für alle Menschen, denen das Evangelium verkündet wird: Gib ihnen den Heiligen Geist, der sie das Wort verstehen und aufnehmen lässt.
- Für den Papst und alle Bischöfe: Gib ihnen den Heiligen Geist, dass sie rechtes Urteil finden und Frieden stiften können.
- Für das Volk der Pommern: Gib ihm den Heiligen Geist, der den Glauben erhält und schwachen Glauben wieder erstarken lässt.
- Für die Kirche im Erzbistum Bamberg: Gib ihr den Heiligen Geist, der die Liebe erweckt und dem Glauben prägende Kraft verleiht.
- Für uns selber: Gib uns den Heiligen Geist, der uns zu Dienern und Zeugen deines Reiches macht.

Dich, Herr, wollen wir preisen und dein Erbarmen rühmen in Ewigkeit.

Besinnung nach der Kommunion

An seinem Tisch versammelt hat uns der Herr,
um uns zu speisen mit dem Brot des Lebens.
Am Altar des Kreuzes hat der gute Hirt
sich für uns hingegeben
und am Altar dieser Kirche
sein Opfer für uns erneuert.
Wenn wir uns zu den Seinen rechnen,
und wenn es stimmt, dass die Seinen ihn kennen:
Werden wir dann nicht jetzt hingehen
und überlegen,
wie auch wir uns anderen geben
und Brot für ihr Leben werden können?

Schlussgebet

Ewiger Gott,
wir danken dir für deine Nähe
und für das Sakrament, das wir empfangen durften.
Schenke uns neue Freude am Glauben,
damit wir, ähnlich dem heiligen Otto,
uns deiner Sendung treu erweisen
durch Christus, unseren Herrn.

Die ersten hll. Märtyrer der Stadt Rom g

L: Röm 8,31b-39; Ev: Mt 24,4-13

Einführung

Die Kirche gedenkt heute der ersten hll. Märtyrer der Stadt Rom. Jesus selbst hatte seinen Jüngern Verfolgung durch die Menschen vorhergesagt. Im Jahr 64 mussten die Christen in Rom unter Kaiser Nero erleben, was es heißen kann, sich zu Christus zu bekennen: die erste große staatliche Christenverfolgung war ausgebrochen. »Ist Gott für uns, wer ist dann gegen uns?« hatte Paulus geschrieben. Im Vertrauen auf Gott, der ihnen ewiges Leben in seiner Herrlichkeit schenkt, mussten die Christen damals ihr irdisches Leben geben. – In unserem Leben gibt es auch die eine oder andere Glaubensprüfung. Wie verhalten wir uns dann? Dürfen wir uns als standhaft bezeichnen? – *Stille*

Kyrie-Rufe

Herr Jesus Christus,
du hast dich der Gottheit entäußert, um unser Menschsein zu teilen.
Du hast für uns Marter und Tod auf dich genommen.
Du hast den Tod besiegt, um für uns ewiges Leben zu gewinnen.

Tagesgebet

Starker Gott,
du hast die ersten heiligen Märtyrer von Rom
mit Glaubenskraft und -treue bis zum Tod ausgerüstet.
Hilf auch uns, alle unsere Tage
dem gekreuzigten Herrn Jesus Christus
in Liebe und aufrechtem Bekenntnis nachzufolgen,
ihm, der in der Einheit des Heiligen Geistes
mit dir lebt und Herr ist in Ewigkeit.

Fürbitten

Gott lässt die, die ihm die Treue halten, im Tod nicht verlorengehen. Darauf vertrauen wir, wenn wir ihn nun bitten:

- Für alle Menschen, die unter dem Hass und der Unmenschlichkeit anderer leiden: Gib ihnen Standfestigkeit und bewahre sie davor, Gleiches mit Gleichem vergelten zu wollen.
- Für *die* Christen, die bedrängt und verfolgt werden, weil sie an dich glauben: Gib ihnen Tapferkeit und stärke ihre Bereitschaft zur Treue.
- Für alle, die nach uns auf dieser Erde leben werden: Lass die junge Generation Achtung vor dem Leben jedes Menschen gewinnen und Wege des Friedens und der Gerechtigkeit beschreiten.
- Für alle, die Anstoß erregen, nur weil sie anders denken und leben als ihre Umgebung: Bewahre uns vor Vorurteilen und lass uns ihnen mit Wohlwollen begegnen.

Denn du bist der Gott aller Menschen, allen schenkst du deine Huld. Sei gepriesen in Ewigkeit.

Besinnung nach der Kommunion

Keine Macht der Erde
kann uns von der Liebe Gottes trennen.
Keine Schuld und kein Versagen
kann uns von der Liebe Gottes trennen.
Kein Spötter und kein Feind
kann uns von der Liebe Gottes trennen.
Es gibt also keinen Grund,
die Liebe zu verraten.
Es gibt aber Grund genug,
in der Liebe zu bleiben
und die Liebe zu leben.

Schlussgebet

Allmächtiger Gott,
dein Sohn ist unsere Speise geworden,
die uns stärkt und lebendig macht.
Gib, dass wir
nach dem Beispiel der heiligen Märtyrer von Rom

in der Liebe Christi bleiben
und unser Kreuz tragen,
damit wir in dir die Freude und das Leben finden
durch Christus, unseren Herrn.

Samstag nach dem 2. Sonntag nach Pfingsten – **Unbeflecktes Herz Mariä** G

L: Jes 61,9-11; Ev: Lk 2,41-51

Einführung

Wir begehen den Gedenktag des Unbefleckten Herzens Mariä. Damit meinen wir zuerst, dass Maria ihr Herz für Gott geöffnet hatte, so dass sie ihm für seine Pläne zur Verfügung stand. Zum anderen bedeutet ein Herz für andere Menschen haben, sich ihrer annehmen. Wir vertrauen darauf, dass Maria ein Herz für uns hat und uns in unseren Nöten beisteht. – So ist dieser Gedenktag auch ein Anruf an uns: Ist mein Herz für Gott offen, so dass ich ihm zur Verfügung stehe, und habe ich ein Herz für meine Mitmenschen? – *Stille*

Kyrie-Rufe

Herr Jesus Christus,
du durftest spüren, wie das Herz deiner Mutter für dich schlug.
Du hast jedem von uns ein Herz gegeben, das für andere schlagen kann.
Du möchtest, dass wir unser Herz für dich öffnen.

Tagesgebet

Heiliger Gott,
du hast uns in Maria
das Beispiel eines Menschen gegeben,
der ganz in deiner Gegenwart lebte.
Mach auch uns bereit,
für deinen Ruf stets offen zu sein
und die Wege zu den Menschen zu gehen,
zu denen du uns senden willst
durch Jesus Christus.

Fürbitten

Wir wollen zu Christus rufen, der durch Maria unser Menschsein angenommen und ausgezeichnet hat:

- Gib uns innere Wachsamkeit, damit wir erkennen, was du von uns willst.
- Schenke uns ein Herz und Hände für Menschen in Not.
- Gib allen, denen die Last ihres Lebens zu schwer wird, neuen Mut und Kraft.
- Lass alle, die auf die Fürbitte Marias vertrauen, bei dir Schutz und Hilfe finden.

Allmächtiger Gott, wir sind dir so wichtig und wertvoll, dass du uns täglich deine Liebe schenkst. Dafür danken wir dir und preisen wir dich durch Christus, unseren Herrn.

Besinnung nach der Kommunion

Es gibt das enge und das weite Herz.
Das enge Herz ist sehr besorgt um sich,
dass ihm auch nichts fehle und es nicht krank werde.
Und einige wenige Menschen nimmt es in sich auf,
die es lieben möchte, für die es sorgen möchte.
Um diesen Kreis zieht es eine Mauer.
Für alle außerhalb der Mauer ist in dem Herzen kein Platz.
Das weite Herz zieht keine Mauer,
in ihm ist für jeden Platz.
Gott hat ein ganz weites Herz.

Schlussgebet

Guter Gott,
wir haben das Geheimnis unserer Erlösung gefeiert
und danken dir für deine Treue.
Erfülle unser Herz mit Jubel und Lobpreis
über deine großen Taten zu unserer Rettung
und gib unserem Glauben Kraft,
unserer Hoffnung Ausdauer
und unserer Liebe Verlässlichkeit
durch Christus, unseren Herrn.